花开五十朵
——喜剧人物轶事

50 Blossoms-Anecdotes of Comedy Characters

石国庆 / 著

人民日报出版社

目录

自序 / 001

第一季
各显神通 / 001

郭达 / 002

小董 / 007

李琦 / 014

健心 / 019

大侠 / 024

蕾蕾 / 030

大相 / 035

徐杰 / 040

兰成 / 045

沈伐 / 050

第二季
文武双全 / 055

葛导 / 056

东风 / 061

会长 / 066

刘忙 / 072

于头 / 077

晕姐 / 082

老弓 / 087

黄总 / 092

老任 / 096

马哥 / 101

第三季　　　　　　　第四季　　　　　　　第五季

独领风骚 / 107　　　神韵出彩 / 157　　　青春闪光 / 207

马总 / 108　　　　　八牛 / 158　　　　　胖子 / 208

桂花 / 113　　　　　大使 / 163　　　　　孟二 / 213

哈哈 / 118　　　　　村长 / 168　　　　　小齐 / 218

大眼 / 123　　　　　豆豆 / 172　　　　　红茹 / 223

魏征 / 128　　　　　孟老 / 176　　　　　吕林 / 227

春儿 / 133　　　　　干儿 / 180　　　　　小伟 / 232

赵安 / 138　　　　　大狗 / 184　　　　　洛舟 / 237

元成 / 143　　　　　蓓蓓 / 191　　　　　凯凯 / 242

老肥 / 148　　　　　老头 / 196　　　　　欧阳 / 246

爱美 / 153　　　　　化武 / 201　　　　　小库 / 251

后记 / 255

师友推荐团 / 257

自　序

　　中华人民共和国刚成立的时候，西安没有这么多人，城墙里头也没有多少高楼，走出城门看见的尽是麦田，到大雁塔坐的是骡马拉的车。现在不一样了，人多车多，花花绿绿，到处都在挤疙瘩，高楼大厦一座挨着一座，城中心的钟楼也显得不那么骄傲了。城外更是了得，东到白鹿原，南迎翠华山，西过三桥镇，北扑全草滩，凡是空地都用钢筋水泥混凝土编扎浇注，想看古城的外地来客还以为走错了地方。

　　我就没弄明白，这么多的人是咋冒出来的？是计划生育没搞好？不对，那事情管得严着呢！人多了就得盖楼，但愿不是盖了楼把人招引来的。如果那样还是慎盖点楼，人少清静，免得像现在这样闹哄哄的。

　　人一多就有些杂乱，各种人物竞相争宠。所谓人物不是一般人，性格有显著特点，和常态较为各色。关中话说谁是个人物并非褒贬，无好坏之分。其个中滋味究竟是带有一点嘲笑式的夸奖,还是赞赏式的挖苦?我也说不清,反正说别人是个人物的人心情也比较复杂。

我的一些朋友是喜剧人物。他们的声音笑貌和所作所为想起来都好笑。在这里我要请他们原谅。并不是想侵犯他们的隐私,只是因为他们的一些逸闻趣事深潜在脑海中不吐不快。因为我想说,他们的确很是可爱!

第一季

各显神通

郭达

说起郭达，无人不知，无人不晓。他是著名话剧、喜剧小品、影视剧演员。他从上海戏剧学院表演系毕业，分配到西安话剧院，排演了近30台话剧，获得了陕西省以及西北地区各类比赛的多个表演奖，后调入总政话剧团。从1987年起，在20多年的春晚舞台上总能见到他的身影，还记得一串他出演的小品名字：《产房门前》《清官难断家务事》《黄土坡》《越洋电话》《父亲》《机器人趣话》《过年》《红娘》《邻里之间》《明星反串大拜年》《球迷》《青春之约》《好人不打折》《浪漫的事》《马大姐外传》《送礼》《梦幻家园》《北京欢迎你》《家有毕业生》《追星族》，等等。最精彩的当属《产房门前》和《换大米》，给观众留下了不可磨灭的印象。

郭达火了，他不论走到哪里都被人们围观。人们纷纷和他握手、合影，幸运者还能得到他的签名。各地纷纷邀请他演出，包括参加一些惠民、送欢乐下基层活动。他太忙了，就这样还出演了好多影视剧。其中电影有：《白求恩：一个英雄的成长》《彭大将军》《现世活宝》《信天游》《举起手来》《心急吃不了热豆腐》《公鸡下蛋》《龙过鼠年》《欢天喜地》《举起手来2：追击阿多丸》《绝对底线》《那是说着玩的》等；他演的电视剧近40部，其中有：《王昭君》《倒蛋部队》《大宋惊世传奇》《巴哥正传》《银色年华》《大宋提刑官》《西安虎家》《走进八里堡》《闲人马大姐》《甲天下》《幸福请你等等我》《荣河镇的男人们》《清明上河》《黎明前的暗战》《金达莱》《低头不见抬头见》《别拿豆包不当干粮》等。就这他还不嫌累，抽时间应邀排演了话剧《白鹿原》和《日出》。

  我的神呀，就是铁人怕也受不了如此强度的折腾。但是郭达不同，到底是科班出身，轻松自如地演绎着各类角色。我和郭达认识的时候他是西安市话剧院演员队队长。有一次省政府组织小型艺术团赴渤海油田慰问，那里有许多陕籍职工。我有幸与郭达同行，相处半月，亲密无间。那时的他满头乌发且是自来卷，相当英俊。他刚参加央视春晚的《产房门前》演出归来，石油工人对他的出场总是报以热烈的掌声。他很随和，平常话语不多，习惯盯着别人观察。你不知道他心里在琢磨什么。休闲时间他常常翻阅英文刊物。他给人的印象是有着一种另类的思索和生活。

  说心里话，我很欣赏郭达的表演，尤其是喜剧。虽然他调到京城，但是有机会和他合作让我非常高兴。那一年北京电视台春节晚会，我们一起出演小品《绝不白吃》。他扮演一个小饭馆的老板。老板胆小怕事，对于白吃白喝的干部心中不满，却只能忍气吞声。老板支持老婆告状，却又担心遭受报复。这个人物的中庸之道、犹豫纠结,被郭达演绎得活灵活现,既生动真实又喜感悦人。特别是郭达一双会说话的眼睛和面部表情,犹如不断变化的春夏秋冬体现着人物内心的酸甜苦辣。不仅观众用掌声、笑声对郭达的表演表达满意,连电视台领导和导演都对他夸赞有加。

在央视举办的一台以质量监督为主题的晚会上我们又见面了。我们在海军游泳馆出演小品《爱情可乐》。我提供初稿,郭达改编。他扮演处处巴结老婆的丈夫,买了些图虚名实假冒的产品显摆,最后害得夫妻双双落水。本子改得好,自然顺畅,包袱笑料成串。我夸赞他的功力深厚。他眼睛瞪大了,开玩笑似的说:"嘿嘿,不是吹牛,本子写不了,改本子那可是咱的强项。"

北影厂拍摄电影《现世活宝》时,特邀他出演一位农民。那位农民用架子车拉着老婆和他们的七个女娃到处求人算命,看能否再生个男娃。结果那位农民被骗子忽悠,白花了钱仍四处漂泊。我们在片场相见。他的打扮和表演几乎让我笑出声来。他一顶破军帽扣在头上,满是口袋的蓝褂子显得土旧,东拉西拽着几个调皮的孩子,诚惶诚恐地抽签求神。当骗子告诉他去温都尔汗就能生男娃的时候,他激动地翻遍衣袋凑钱加以回报。那愚昧的神态和惊喜的表情把人物刻画得栩栩如生。让人笑了,且笑中含泪,这才是成功的喜剧表演。

在电视剧《走进八里堡》中,郭达扮演村里任职多年的老会计满富。这是一个精明能干、爱耍小聪明、满肚子心计的人物。他总是出怪主意怂恿别人去做,自己从来不随便露面。上上下下、老老少少都知道他这毛病,通称他为鬼算盘。郭达的戏让人拍案叫绝。老会计看透了村里的矛盾,为人处世善于察言观色,常常装糊涂却能把别人搞糊涂。虽然他脸上不动声色，心里透着狡猾，但骨子里还是个好人。呀，这角色真不好演，全靠演员的眼神、表情、语气以及整体节奏来把控。我扮演的村办煤矿矿长和他有好几场戏，能够深切地感受到他表演的魅力。他慢慢悠悠的对话和慢条斯理的神态，有时还伴着喜剧的味道。一场戏拍完连工作人员都忍不住为他鼓掌叫好。哦，对了，在农村拍戏郭达还有一个习惯，没事总喜欢一个人挨家逐户去串门。他除了解民俗民风以外还顺便有一些小收获。有一次他买了几双农村妇女绣的鞋垫。我问："买这弄啥？"他说："嘿嘿，送朋友。""啥朋友会喜欢这？""老外嘛！"哦，对，老外没见过这！当然，他也收购过不少的门窗、家具、古币、石雕以及铜铁器物。他说是收藏。不知他的功力如何，碰巧了是古董，打眼了就是一堆破铜烂铁。哈哈，大腕成收破烂儿的了！

在情景喜剧《西安虎家》中，一群说陕西关中方言的演员来了个大聚会。这自然少不了郭达。他扮演虎老二，身在农村，看不起城里人。这个人物充分显示了郭达的喜剧表演才华。他的醋熘普通话、对城里人生活的苛刻要求、对农村生活的得意夸张、自信遭受打击时的自圆其说等，他的出场给一家人都带来了欢乐。电视播出以后，虎老二的语言和神态在观众心里留下了不可磨灭的印象。说实话，虎老二非郭达莫属，他创造了一个经典艺术形象。有一天，郭达到片场后才拿到剧本，根本没有准备和记词的时间。其中有他的一大段台词，但是，拍摄又不能停下来。怎么办？导演让人把这段词用毛笔抄在一张大白纸上。郭达既要在镜头前表演，还要非常自然地偷看白纸上的台词，并且不能穿帮。这是何等的功力。我想只能用"伟大"来赞美他的非凡。嘿嘿，虽然一次过，大腕头上也惊渗出了晶莹的汗珠儿。

在央视和吉林电视台合拍的反映朝鲜族人民生活的励志电视剧《金达莱》中，郭达扮演了一位做朝鲜冷面的名厨，手艺高超，有点傲慢不逊，常与店主闹矛盾。我扮演店主所在村的村长，虽与郭达没有对手戏，但观看了他的表演十分佩服。他的一个眼神、一个暗笑、一个手势、一个摇头，把人物既虚张声势又底气不足的神态表现得堪称完美。

郭达的表演总在寻求突破。在电视剧《大宋提刑官》中，他扮演恶贯满盈的庄主刁光斗。这个大坏蛋口蜜腹剑、笑里藏刀、奸诈歹毒、诡计多端。这和郭达以前的出演完全不同。他用诡秘的眼神和皮笑肉不笑的表情掩饰了这个刁光斗狼心狗肺的本质。我认为这是郭达新的表演路径，这是他创造的另一个经典人物形象。我虽参演该剧却与郭达不在同一故事中，失去了向他学习的一次机会，至今深感遗憾。

从朋友发来的微信中得知中铁文工团排演话剧《叩问》。这部剧反映的是建国初期毛泽东主席处理贪污犯张子善和刘青山的故事。最让我惊讶的是特邀郭达扮演伟大领袖。我的神呀，这也太大胆了吧？不由得替他捏一把汗。后来朋友再发微信，告知大获成功。我发自内心为郭达点赞。

郭达是我的老朋友。他一直称我"石老"。叫着叫着真把我叫老了，而他多年过后面相依然年轻。只是他脑袋上的头发卷毛脱落透光，可见是智慧大增、聪明绝顶了。郭达，祝愿你：不骄横，不满足，艺术青春常驻，健康快乐万福！

小董

小董和我是同事,曾经是我的领导,湖北人士,善吃鱼头,思维活跃,极度聪明。小董少年时在专业曲艺团说过相声,捧逗都行,但是,观众一般不乐。他最拿手的是最后一句:"嗨!我呀!别挨骂了!"说完大嘴一咧,自己笑眯眯地走下场去。小董20岁左右去京城办事时,心血来潮,写了一封反映农民生活的上访信件,径直送往前南斯拉夫驻华使馆。返回住地途中,他生怕公安跟踪,模仿电影中的反跟踪情节上车下车,在商场进进出出,以便甩掉尾巴。回到小旅店他先急入厕,上吐气、下放水,心中好不愉悦。待他回到自己住的房间打开房门一看,已有两位警察恭候多时。小董被押送山西某地监狱按政治犯处理。等"文革"结束小董被平反回到西安时已经40岁了。小董没上过啥学。监狱中政治犯有学问的人多,可以看书读报,体力劳动甚少。小董虚心向同犯请教。人人都是他的老师。他学了汉语、哲学、文艺理论等等，其间还被当地学校保外任教，这段经历大大地锻炼了他的口才。我认识他时他已经是古城小有名气的文艺评论家了。

我记得第一次慕名到他家是曲艺团团长引见的。当时我创作了一个曲艺新作品，急盼高人指点。寒暄过后我便念给他听。我刚念完最后一句，几乎在同时他把手掌一伸，说了一句话："这个作品，我的意见有五点！"我迷惑了，这人的脑子也太快了。他侃侃而谈，不一会儿嘴角便有唾沫。他的第一点第二点说得我点头称是，第三点就有些勉强了，第四点第五点明显地让人觉得他是在凑数。后来我们熟悉了，我把听他五点意见时的想法告诉了他。他哈哈大笑说："木犊，你是名人，首次见面我不先说出个数来，怕镇不住你呢！"

小董研究美学，发表过不少文章，还出版过专著。他常常把一些外国哲学家的名字挂在嘴边，什么黑格尔、亚里士多德就像在舌头底下等着，牙门一开自己就往外蹦！有一天，我去他家闲聊。小小客厅堆放着不少木料。他正在和一个人说话，见我到了，便安排我在墙角坐下稍候。那个人坐了一只矮板凳，面前有一只稍高的方凳权作茶几，上边有一杯茶和一包烟。他告诉我要做些家具，这个人是他找来的南方木匠。

本来这个事情很简单，三言两语就能谈妥。可他不一样，管饭管烟出工资，要先用美学理论武装一下这位木匠。他开始讲了，有声有色地从黑格尔讲起，就像上课一样，那位木匠是学生，我是旁听生。我想笑不敢笑，怕破坏了他的兴致和尊严。那位木匠抽着烟，两只眼睛瞪得溜圆，直勾勾地盯着他，眼睛都不带眨的。我猜想这位木匠肯定满脑子糨糊。此刻他一定在琢磨，这个男人不会是神经病吧?黑格尔是谁?是他们家的亲戚?讲这些乱七八糟的干啥?这个时候,小董讲得喉咙有些发干,停下来准备喝水。木匠说话了,南方口音:"师傅,你讲快一点,这时间耽误不起呀!"小董脑子转得特别快:"你放心,工钱照付,下边我再给你讲讲亚里士多德。"天哪,我实在憋不住了,推托有事便离开了。在路上我一边想着小董的表现一边不由自主地笑,吓得行人离我远远的。

大约一个月后,我有事去拜访小董。一进门我就看见一把长长的靠背木椅,就像小县城礼堂开会用的那种,两端有木头扶手,只是后背木板的上方加装了一根碗口粗、没有去掉树皮的原木。这造型我实在不敢恭维。我说,这就是在黑格尔、亚里士多德美学理论指导下的家具?小董嘿嘿一笑,骂出粗话:"这南方木匠趁我第二天白天去开会,赶在天黑之前就做完了。我老婆问他这是啥?他说是我的意思,拿了工钱就要走。他还说我讲的,黑了割耳朵,夜里事多多,再不走要出事的。"嗨,这木匠的脑子完全将两个外国人搞乱套了。我坏笑着劝慰小董:"哎呀,你太着急了,再花些钱,多给他讲几天美学,做出来的家具就不会这么丑了!"

是金子总要发光的,上级安排小董当了艺术研究所的副所长。借他的光,后来我也调入该所。小董才华横溢,参加了许许多多的文学艺术研讨会。他精力充沛,不习惯冷场,总是抢着发表高见,手舞足蹈,妙语连珠,引经据典,有褒有贬,讲到兴处飞沫四溅。他得罪了不少同人不说,最要命的是不超过半个小时决不罢休,挡都挡不住。慢慢地他出席这类的活动少了。不是他不参加,而是很多会议主办方不敢邀请他,怕影响活动计划,不能按时结束。主办方想延长时间吧,经费又不足,于是只好把小董免了。

你不邀请小董没关系,有人邀请。歌舞团团长请小董去指导一个新创作的舞蹈,他欣然前往。我想他是憋坏了,要知道舞蹈对于他是相当陌生的。在排练场,年轻的舞蹈演员们随着强烈的音乐节奏,用他们娴熟的身体语汇表现了一群英雄的悲壮事迹。曲终舞落,众人席地而坐。团长请大家用掌声欢迎董老师讲评。小董毫不犹豫,站起来就说:"这个作品,我的意见有五点!"我的爷呀,又是五点。习惯成自然。恐怕是手掌伸出来表达数字五比较方便,不像三或是四还得把指头弯下来。再说这种挥手的动作也显得潇洒。也许是这段舞蹈太煽情,也许是这段音乐太震撼,小董的脸涨得通红。说着说着他便急步走到场地中央,告诉大家这一段应该这样。他吼着谁也不明白的腔调,声音怪怪的,手和腿不停并且没有规律地伸来伸去,像广播体操,又像跆拳道,更确切地说,像巫婆跳大神。突然,小董手脚并拢,笔挺直立,似一根圆木直挺挺地朝后倒去。他的身躯撞击实木地板发出的声响让少男少女们一片尖叫。小董在地板上躺着,眼睛紧闭,没有任何动静。众人全傻了。现场安静极了,大家不知道董老师是撞休克了,还是仍然沉浸在刚才的舞蹈表演中。几分钟过去了,小董还没有反应。坏了,可能出事了。众人随着团长小心地走向董老师,围在他的身边。这时候如果有音乐配合,就太像英雄悲壮牺牲的舞蹈了。团长摇摇小董的身子,轻声喊着董老师,用手在鼻子底下摸摸,有气儿,再拍打拍打脸,领着大家齐声大喊着董老师。终于这一声把董老师吓醒了。说时迟那时快,小董睁开眼就站起来,非常严肃地问大家:"我说的意思大家明白了吗?"年轻的舞蹈演员们你看看我,我看看你,不知该说啥。团长忙答明白明白,于是众人嘻嘻哈哈地附和着明白明白。嗨，天知道他们明白了个啥，因为我估计恐怕连小董自己都不明白他要表达个啥！可谁也没有想到，半年以后小董出版了一本专著，书名为"舞蹈美学"。各位，你说这事怪不怪？！你看这人神不神？！

小董离婚了，我没问他原因。据说是由于家庭琐事开玩笑赌气说离，结果就真离了。小董老婆是他在山西监狱保外任教时别人介绍的。小董平反后，带老婆回了西安。离婚后他们的儿子判给了女方。小董很男人，什么都不要。他用麻绳把装有被褥和几件衣服的纸箱子一捆，肩扛着就住进了艺研所的办公室。那形象很有点像二次入狱。

这个时期，小董在研究释迦牟尼。不知道是因为他追随佛祖吃素还是囊中羞涩，饮食相当简单，人也日渐消瘦。蜂窝煤炉架上小铝锅，水开了下点挂面和几片青菜叶，没有油只放盐。他还告诉我经常吃这样的饭有好处，可以杜绝一切邪念，抵挡任何诱惑。这让他的想象力得到了成倍的增长。我心想，这话有一定的道理，身体垮了又没钱，缺少生理和物质的实力，想要吃喝嫖赌只能增长想象力了。有一天所里学习，中午散会，我请小董和一个同事到街上饭馆吃饭。他开始不去，说外边的饭吃不惯。我和同事硬把他拉去了。他声明只要清油炒的素菜，绝对不吃肉鱼蛋，而且不放葱姜蒜。我和同事点了两个肉菜，专门让厨师把锅洗干净，为小董炒了两个素菜，特别叮咛多放点油。说话间我和同事先喝着啤酒。待我们要吃饭时，小董已经把两大盘素菜吃得干干净净。我赶快又让老板娘上两盘素菜，不一会儿他又吃光了。放下碗筷，他把嘴一抹，冲我们傻笑："嘿嘿，我吃饭快！"我的同事说出了我想说的话："小董，你不快不行呀，你肚子里太缺油水了！"

小董在研究佛学的同时并没有放弃美学。他对一切美的东西还是很有兴趣的。于是佛和美搅在了一起，佛学倡导戒色，美学关注女人，如何达到矛盾的统一让他伤透了脑筋。

小董的古汉语功底令他对《周易》颇感兴趣，经常有人请他算卦，特别是一些多愁善感的漂亮女人。小董不收费，又热情，看手相、问八字、打卦占卜花样齐全，而且说人说事常是八九不离十，于是有了诨名"董半仙"。有人从中牵红线，小董与一位离异女士相好了。该女士是一位舞蹈编导，儿子在艺术学院上学。颇具美学眼光的小董十分欣赏这位女编导。两人情投意合。寂寞难耐的小董又有家了，这回不是下监狱而是上天堂。他又一次扛着纸箱子从办公室走出来，兴冲冲地到编导家当了幸福的上门女婿。可是好景不长，女编导的儿子毕业回家。小董也想让儿子小小董入室居住，双方都有无法解决的难题，只好分道扬镳。小董提着纸箱子又回到办公室。一些遗留问题令女编导常到单位找小董说事。

不久，小董又结识了一位曾是戏曲演员的女商人，其身段、长相绝对符合美学要求。但有一点让小董犹豫，女方也离过婚。女方催着结婚。我们研究所也为小董大开绿灯，专门腾出三间房子让他们把电视机、冰箱、大立柜、双人床、锅碗瓢盆等生活用品搬进来。这一切都是女演员出钱置办的。都这个时候了小董还是没松口。女人急了，拿出剪刀说不结婚就自杀。小董害怕了，心里想的是歪理："我的妈呀，她敢自杀，她就敢杀人呀！"从此小董便躲而不见。于是这位女演员也常到单位找小董逼婚。

研究所不坐班，小董很少在单位露面。甚至连星期三上午全所必到的政治学习，也未必能见到他。有一次，小董的三个女人不约而同地来到所里。书记担心闹出风波，立马停下政治学习，临时组织三个小组分别接待这三位美人，好说好劝，总算消停。后来，小董就失踪了。一个多月没有任何人知道他的下落。所领导急忙将此事汇报给上级，就差向公安局报案了。突然有一天，小董来信了。信寄自江西九江庐山，里面还装有一张他的近照。他出家入佛门当了和尚。照片上穿着僧服、剃着光头的他露出一丝微笑，显得是那样的安详平和。看来小董不得不放弃他的美学研究了，他要全身心地将佛学进行到底！

几年以后，小董还俗回归凡尘。没有女人的日子他不习惯，很快和一位崇拜他的女居士结合，定居南方。他仍然从事美学和佛学的研究。小董给我寄来了近十本专著，关于美，关于佛，还有国学方面的。看得出来，这一回他总算把美学与佛学的研究统一起来了。

李琦

  他看起来像个老汉，短短的几根花白头发散落在脑袋上，稀疏的络腮胡须从鬓角沿脸颊至腮帮散布，下巴悬挂着一小撮山羊胡子，脸色淡棕透红，五官端正，双眸炯炯有神。这就是大名鼎鼎的李琦。他是国家一级演员、戏剧"梅花奖"获得者。他多年前在央视春晚演出小品《一个钱包》，并因此而被全国观众熟知。他出演电影《甲方乙方》时的一句台词"打死我也不说"成了朋友间逗趣儿的经典话语。其实李琦不老，今年六十才刚刚出头。他如此沧桑，估计和他经受的磨难有着直接关系。

  他原是陕西人民艺术剧院的演员。20世纪80年代后期话剧舞台不景气，团里很多演员都纷纷改行或是下海。他获得"梅花奖"并没有给他带来想象中的改变。在这种情况下，李琦决定破釜沉舟，三十六计走为上，带着妻子和儿子一路北上，准备在北京开拓另一番天地。李琦义无反顾地来到了北京。但接下来他发现，

"北漂",咋就那么难呢?现实给了他当头一棒。最初的十五天一家三口人住在防空洞改成的招待所里,然后搬入大约40平方米的两间地下室。用水要到外面打,所以每天最大的工程就是两件事:倒脏水和打净水。在李琦看来,那只是两个要窗户没窗户、要水没水、要什么没什么的"空间"。他们就在这样一个根本称不上"室"的地方生活了将近七年。通向梦想的道路一眼望不到头,这让李琦一度落泪。但是,乐观的李琦始终对自己充满希望。他的名片上印着"流浪艺人李琦",并在上面摁了他的大拇指指印。他要开拓新天地,首先要降低身份,为生活而努力。

他开过面馆,生意还行,回头客不少,因为味道好、有特色。下酒菜他亲自做。他早先考有三级厨师证书,拿手的是各种肉的酱制、熏制。他给别人养过马,养马就能骑马,权当演员练精一项技能,何况还能多挣点养家费用。李琦在等待,他相信总有一天上帝会眷顾他的。果不其然,好多朋友包括一些著名演员和导演找到了他,希望能跟他一起合作。于是他在央视演出了小品《打呼噜》。此后他成了央视的常客。李琦从话剧舞台到小品舞台,后来又进入影视界,在电影《甲方乙方》演了胖厨子,由此名声大振,一发不可收。这时候,让人想不到的是李琦入伍了,走进了武警文工团。十多年间,粗略统计他参演的影视剧近40部:电影有《有话好好说》《王的盛宴》《守望平安》《心急吃不了热豆腐》《一路惊心》《阿宝的故事》等;电视剧有《重案六组》《乡里乡亲住高楼》《中国餐馆》《东北一家人》《非凡英雄》《地下交通站》《闲人马大姐》《青春不够用》《穆桂英挂帅》《候车大厅》《射天狼》《林师傅在首尔》等。李琦还在《舞动的K线》中担任导演。这是由李琦自导自演的首部电视剧。李琦太有才华了。他要把时间抢回来。和许许多多当红演员的合作让他有了自信。他几乎用本色表演去适应各类角色，服装不同便有了不同的味道，一会愣头愣脑，一会憨态可掬，幽默中透着狡黠，粗犷中蕴含细腻。他的形象铭刻在广大观众的心中。李琦红了，成了一线明星。

虽然我以前知道有个演话剧的李琦，但并不熟悉。我去北京拍情景喜剧《西安虎家》才领略了他的风采。他是执行导演，同时扮演主角虎老大，安排我演虎老四。呀，这还有点意思。我比他大得多，在戏里得叫他大哥。那年我六十出头，却要演三十多岁的闲人，这种扮嫩实在忐忑。李琦挺乐观。他用家乡话逗我："没事，叫化妆师把头发吹成卷卷儿，粉抹得诡诡儿，服装再靓得鲜鲜儿，保证叫你美得信心满满儿。放开了整！"哈哈，当我在镜子里看见自己的时候真的不认识了，动动胳膊动动腿，挤眉弄眼做怪样，返老还童了。我得感谢李琦提供的机会，也感谢他对我的信任。

他拥有极强的组织管理能力和深厚的导演功底，40集短剧40天拍完。他一号召，陆续而来的群众演员全是来自陕西的北漂，个个会表演而且热情，亲切至极。主要演员也全是陕西人，多是专业团体的台柱。有的还曾是李琦的老师，都听他的指挥。可见他的人缘关系极好且交际极广泛。我不会因为李琦是导演而有意吹捧他。他工作充满激情，人格魅力感染了整个剧组的成员。他演戏时一双眼睛更是出彩，盯着你时会自然而然地带你找到人物角色的感觉，真是神了。别以为他是彪形大汉，其实他像个孩子，童心常驻。他的手机铃声是"鬼子进村"的音乐。他心细善良，每周总有一天会抽休息时间，开车请我们这些家不在京的演员吃饭，有羊肉泡馍、东北水饺、蒙古烤肉等。每到一家饭店，老板都待他像亲人一般。呀，可见他是出手大方、常请朋友的吃货一位。嘿嘿！

戏拍完了，李琦又请我们去他家坐坐。房子是武警文工团分的。李琦说："这座楼有十六层。当初挑楼层时，大家都不要顶层，只有我直奔最高层而去。它要盖二十六层，我还要最高一层。它要盖四十六层，我还要最高一层。不是我喜欢住最高一层，是因为住地下室住怕了。我这是报地下室的仇！"哈，这心理挺儿童的吧？装修是李琦自己设计的，采用全是木格子的天花板，材料主要选松木。不为风格，只为便宜。不过用木头麻烦也不少：刨光，打蜡，刷酒精，刷掉绒毛，用肥皂水洗……工序相当烦琐。所有的接缝处都是抠的槽，槽碰槽，手工很麻烦。地砖黑白相间，白的大、黑的小，白的厚、黑的薄，铺起来特别费事。每次见李琦，木匠都一个劲儿拿斜眼看他，给烟也不抽；铺地的师傅也是一看见他就烦，都恨死了。然而很普通的材料装出来效果却很好，不小气。这个家里他最得意的作品就是门口那盏落地灯。外面卖的灯看着都很单薄秀气，李琦总担心自己粗手粗脚，说不定哪天就给碰倒了。于是他就亲自动手做了一个，把一堆小方木块一块一块错落有致地摆起来，就做成了灯柱。这下没问题了。他自豪地说："这灯我自己都扛不起来，你说它能倒吗？"李琦的展柜里陈列着各种刀剑，除了中国宝剑，还有哥萨克骑兵指挥刀、海军指挥刀等西洋兵器，摆在架子上的是石钟乳。客厅的栏杆上搭着一副马鞍。他说那玩意儿很贵。到北京的最初三年，他以表演马术为生。现在马是骑不动了，但还是留下了这点东西，以此证明和纪念人生中有过的那么一段历史。李琦热爱生活，自娱自乐。说实话，多年来我一直怀念和他相处的日子!

　　李琦多才多艺，写过很多诗。他的朗诵功夫一流，动人心魄。写歌，自己唱，《西安虎家》主题歌他"三自一包"唱美了。另外，原生态的陕北民歌也叫他唱得声情并茂、撼天动地。他大象般的身躯跳舞却轻盈灵动，表演印度舞、踢踏舞韵味十足、活力无限，在央视播出后引起轰动。在春晚上，李琦和几位胖子演绎的《康定情歌》《减肥变奏曲》更是幽默风趣、点赞如潮！

　　李琦重情重义，我们王木犊剧场邀他演出，二话不说，分文不取，还是虎老大的做派。他谦虚谨慎、不事张扬。央视和陕台合办晚会谢幕，本该外请大腕靠前，他却硬把本地演员拉往前排，不动不行，你绝对拽不过他。他经常参加扶贫爱心活动，为陕西贫困家庭患有先天性心脏病儿童送上爱的祝福。

　　不知怎么回事，李琦的腿常常浮肿，压下去的坑半天不起来。我想用虎老四的话劝劝他："大哥，你太肥咧，二百五的体重压在腿上支撑不住。肿是小事，万一压失蹋就划不来咧！"虎老大肯定躁咧："避！搹远！阿达娃多阿达耍去！"哈哈，这就是我们兄弟之间的情谊！

健心

这位女士是我的偶像,在歌坛享有盛名。她说,健心这个名字是父亲起的,很少用,也几乎无人知晓。后来,她改了名,将心换成雪,成了健雪。因何而改她没讲,也不便打听。健雪这个名字至今叫了很多年,随着她的歌声早已被海内外崇拜者牢牢记住。如今她想改回去,欲叫健心,这怕不太容易。身份证、护照以及所有证明自己是谁的档案材料如何改,难度极大,在微博和微信这虚幻世界用用还行。她姓冯,二马,她一个算命的朋友说,"冯健雪"这名字是二马拉着在雪地容易滑倒。叫心好,心是船形,稳当。嗨,这什么逻辑?不过,我以为健雪、健心都好,本人认可就行!作为朋友我已习惯叫健雪,就不改称了。

我认识健雪是从听她唱歌开始的,说认识是我认识她,她并不认识我。我作为一名普通观众去看陕西省歌舞剧院演出的舞剧《白毛女》。喜儿出场以后突然从乐池里飞出来美妙的歌声，那声音清纯柔美、洗肺润心、动人魂魄，观众纷纷站身探头朝乐池望去，黑压压看不清。虽未谋面，但是从此让我记住了健雪这个名字。后来看电影《黄土地》，又听到了她的歌声，主题曲《女儿歌》低吟浅唱、如泣如诉，轻轻漫过，深深地沁入听众的心底。后来又听过她为获国际奖的《月月》、获国内奖的《人生》《你的微笑》《大决战》《苦藏的恋情》等十五部电影和二十多部电视剧、广播剧配唱过主题歌。这些歌慢慢有了一些微妙的变化。她在此前已掌握西部民族、秦腔、眉户、碗碗腔及艺术歌曲、歌剧选曲的基础上，又系统学习了西方演唱技巧，融民族、民间、传统戏曲、美声唱法于一炉，再结合自己的独特音质，形成了"健雪歌唱风格"。从此，健雪的演唱事业掀开了崭新的一页。她让清纯悠扬、散发着黄土芳馨、信天游风格的歌曲享誉国内外。

于是我成了她的粉丝。这时，我才知道健雪是老百姓喜爱并熟知的著名歌唱家。她的头衔很多，国家一级演员、文化部命名的尖子演员、省劳模，曾任歌舞剧院院长，并且兼任陕西文联副主席、陕西省音乐家协会副主席，曾被省委、省政府授予"德艺双馨"文艺工作者称号。

健雪在民族声乐大赛中获"全国民族唱法十大女歌唱家"称号，在国内各种艺术活动中多次荣获独唱一等奖。她曾在西安、台湾、香港等地举办独唱音乐会，获得专家和观众的一致好评。内地及香港多家音像公司录制出版了冯健雪独唱专辑《走西口》《打樱桃》《花非花》《黄土地上的信天游》等CD唱片、磁带，并在国内外发行。经她首唱的《女儿歌》《叫一声哥哥快回来》等歌曲广为流传。

健雪多次参加国内外重大演出活动，曾出访法国、西班牙、加拿大、日本、美国等几十个国家，并与当地的艺术家们进行艺术交流。国内外多家报刊、电视台对健雪的演唱水平和艺术造诣给予高度评价，她被誉为"中国西部最有影响的歌唱家之一"。多年来她一直活跃在国内外的艺术舞台上。

我非常有幸和健雪一同参加了省慰问团，赴老山前线慰问西北轮战的前方将士。一次演出后，当她得知战士们当夜即将开赴前沿阵地猫耳洞潜伏作战，也许再不能返回时，她的心战栗了。于是，她从《小草》《我的祖国》到《血染的风采》，从陕北信天游到江苏民歌，满怀深情地唱了一首又一首，为勇士们壮行。当健雪离去时回头远望，仍见战士们一字排开，伫立桥间，向车队遥望，行军礼。健雪再也抑制不住夺眶而出的泪水，为战士们的真情，也为艺术的魅力！

多年来健雪的歌声遍及西部的山山水水，城镇、村庄、厂矿和学校。艺术家的使命感令她自觉自愿地参加各种公益演出和赈灾义演。她以实际行动为社会，为老百姓奉献出了作为人民歌唱家的无私真情和艺术精品。她在铜川煤矿随团演出，一住就是十多天。她白天下井慰问一线工人。掌子面的矿灯闪烁，辉映出被煤灰盖脸的矿工眼中泪光熠熠，他们被健雪深情的陕北民歌感动。晚上她在大食堂与工人一起用餐，吃了接着唱。健雪倾心表达了她对父老乡亲的感恩情意。

当我知道她是个生于苏州的南方秀女时，我有点奇怪，她怎么能把陕北民歌唱得这样动听？哦，原来如此：为了唱出歌的神韵，她曾几十次奔赴陕北黄土高原深入生活。像花儿一样的女神，满面风尘。唯有那双会说话的眼睛，依然清澈明亮，闪烁着健雪的风采和智慧。她在陕北榆林李家山，住土窑洞，吃榆钱饭，和那里的农民打成了一片。黄土高坡不负有心人，她的陕北民歌唱得当地人也赞叹，夸她唱得好听、水灵、有味儿。现在我明白了，人民艺术家必须具备一种素质，也是基本功，他们要时时刻刻和普普通通的老百姓在一起，要永远不动摇地为人民活出自己的亮色！

她喜欢民歌，热爱民歌。她深情地了解民歌是老百姓的心声。那是祖祖辈辈生活在这片土地上的父老乡亲对天神的呐喊，对穷山恶沟的叛逆，对浊水浑河的无奈，对故土家园的情爱，也是对美好未来魂牵梦萦的期盼。健雪自择重任，组织编制了《陕西民歌金曲三十首》的出版。这是一项工程，是献给这片皇天后土的祭礼，是她用心血回报养育她的乡党们的讴歌。

健雪虽然天生丽质、功勋卓著，但为人处世低调不张狂，热诚大方，乐于助人。在她身上有着父母的基因：父亲是长安人，坚韧、淳朴、豪爽；母亲是有着伊斯兰血统的苏州人，柔美、灵秀、聪颖。健雪不骄不躁、平易近人，可以雍容华贵地坐在央视歌手大赛的评委席上，也能给惠民演出的音响师送去一杯热茶。叫我说，这才是真正的"大腕"。

健雪很随和，也多才多艺，还演过小品。省政协要开联欢会，文艺组担纲主角，让扮演蒋介石的孙飞虎老师和我出个节目，后定为小品"下棋"，但需要演员出演蒋的秘书，众人一致推荐健雪。因为是内部联欢，要求不高，她看无法推却便热情答应。但排练只能抽开会的休息时间，由于我和孙老师没见过健雪演戏，只能安慰她莫紧张，放开演。没料到第二天晚上健雪的表演特别出彩。她身材修长，穿着孙老师从西影厂借来的女兵服装，戴着船形帽，一出场轰动整个会堂。虽然台词不熟，但是她放慢节奏，不时用手势和来回移动掩盖可能忘记台词的失误，谁知这又恰巧十分符合人物内心的需要。我和孙老师瞬间发愣，差点忘掉接戏，心中暗赞：健雪真了不起。等演出结束谢幕时，观众掌声雷动，笑声溢满会场。我和孙老师很是兴奋，健雪也长舒一口气，总算圆满完成任务。本以为这个小品是一次性的作品，谁知那晚有省电视台的一位导演在现场观看演出。他时隔半月竟邀请我们去参加台里录播一个极受广大观众喜欢的文艺栏目。当我通知健雪的时候，她刚从外地治疗眼疾回来，一只眼上还蒙有纱布。这怎么办？健雪看我为难，便商量说："我戴上眼镜试试吧！"谁知这一试大获成功。直到现在小品"下棋"还成了我为别人讲课时的示范作品。

健雪还非常关心我们剧场的发展。重大节日剧场邀请她来演出，从来不说二话，并一再声明不要报酬，不用接待，自来自去。这就是健雪，是值得我们文艺界的同人们崇敬的一位人民艺术家！

至今她还在忙着，她青春永驻、朝气蓬勃、活力无限、歌润天下。在这里，作为朋友，我从内心深处想说：健雪呀健雪，健康幸福，永远欢乐！

大侠

大侠姓霍,朋友们私下称他为霍大侠。知道的是说他,不知道的还以为我们在说霍元甲呢。既然叫作大侠,那么必有侠客的特征:豪放仗义、抱打不平、绝不服输、天下第一、藐视权贵、霸气十足。不过,千万别以为我的这位朋友是一介武夫,他是一位实实在在的文人,是一位在文化局文研室工作的人。

我初识大侠是在宝鸡。演出前他来找我聊天,一口关中西府话,语音中透着幽默。那时他在当地已小有名气,创作过一些获奖作品。由于双方还不太熟悉,我客套地请他有时间帮我写点东西。他快人快语,当即说出了一些想法。因我要做演出准备,无法深谈,便匆匆辞别。事后看他,只觉此人热情随和,并未有什么大侠的味道。

一转眼很多年过去了,大侠真的成了大侠,是文艺创作领域的大侠,十八般武器样样精通。他的作品层出不穷,话剧、电影、电视剧、小品一部接一部,而且多是重磅级的,获得的都是国家级大奖。他也成了中央电视台的座上嘉宾,每年中央台的春节晚会只要开始筹备,他都在创作组的邀请之列。

有一年,我负责省春节晚会的语言类节目,请大侠提供剧本。由于比较熟悉了,他不好拒绝,很快就抽出时间到剧组报到。开始他拿出两个小品本子,剧组很高兴,等看过以后有所失望。我说:"老霍,你这两个本子怕是从箱底翻出来的吧?"他一听哈哈大笑:"你看出来了!"哦,这家伙是想看看我们的水平呢!接着他才从口袋里拿出一个新本子,解释道:"嘿嘿,这个本子刚写出来,不太成熟。你们看行就拿去用。"很快经有关领导拍板,这个新本子就决定留下了。谁知第二天上午,他到我家来找我。我以为他来辞行,他却说出颇具大侠味道的话来:"我的本子要用可以,他们必须付给三千元稿酬。"我一愣,这不太可能,一般咱地方电视台能给一千元就算开恩了。大侠不以为然:"木犊老兄,这与你无关。咱电视台从来都把本地作者和演员不当人看。难道外地请来的就是神?咱本地的也是艺术家,绝不当小鬼。你按我的话说,用就三千,不给三千,用不成!"真痛快,吼出了我和本地艺术家们多年想说而不敢说的话。谁都害怕电视台把自己封杀了。这就是大侠,他是为自己的尊严,也是为弱势群体争取公平。

霍大侠太自信了,身上充满了霸气。不过,自信到只首肯自己自信,绝对不准别人自信的时候,那霸气就变成霸道了。为此,大侠在霸气还是霸道的把握时常常失控。这样就惹出一些是非,让人头疼不已,不得不费尽心机去加以解决。好在大侠并不痛苦,他生来好像就是为了等待这种情况的出现,对极其麻烦的处理过程向来乐此不疲，他有他的乐趣。

　　他创作的剧本，导演在情节和台词方面是不能改动的。他说那是他的心血结晶。如果未经同意，导演二度创作，哪怕得了大奖，他捧着奖牌也会十分不满意，有时还会用西府话骂出一些难听的话来："该（西府感叹词）我儿，胡球整呢！"我就奇怪了，导演就是干这活的。人家绞尽脑汁为你好，而且得了奖，不满意可以，不该开骂呀。当然，私下里骂者居多。不过，火气上来了，大侠就面对面，怎么痛快怎么来，裤带上下的词儿全有，即便不把你骂趴下，也得让你连着三五天晚上做噩梦！

　　大侠写了一个剧本，交某专业剧团排演。该剧被列为重点剧目，上级拨了专款按文化工程对待。导演是特别邀请的，也排过不少获奖的大戏。对于这样的人选，大侠并未提出异议，但后来发生了变化。彩排的时候我和大侠坐在一起观看。当时我就觉得可能出了什么问题，因为他一边看一边嘟囔着，脸上是不屑的表情。果不其然，戏散后他立马邀我找地方坐坐。看来他的心情相当激愤，不说出来憋得难受。他告诉我，导演不尊重他，把戏改得乱七八糟。排练中间他们就吵过，开始是艺术上的争辩，吵吵闹闹逐渐升级，最后发展到了相互的人身攻击，连"变态"这样的词都飞将出来。这还不过瘾，他们在电话中干脆用脏话直接开骂，就差面对面决斗了。我心想，大侠呀，何苦呢？不就是一部戏嘛，刀刀枪枪不伤命也会伤神的。可他不，为了捍卫他的圣作，他活得朝气蓬勃。针对导演散布的流言蜚语，他暗置录音、整理材料、书写文章、递送报告，大有不把对方撂倒决不罢休之势。后来，这部戏剧的结果倒是很有戏剧性，获奖了，而且是国家大奖。这里有大侠的功劳，也有导演的功劳。这就怪了，他们不是两败俱伤，而是两败俱荣，只是导演胜面稍大一些。后来，为了争得国家更大的大奖，这部戏又重新整理排练。导演换了，整体风格彻底变化，大侠十分满意。可能由于该剧演出团队综合实力不足，或者是精品要求更加严格，只获得大奖的提名。最终结果已经不重要了。这一回，霍大侠胜面稍大，原来的导演只剩下在一边暗自感叹了！

大侠的名声传开了，很多导演喜欢他的剧本，但不敢接手排练，他们怕的是人。有一次，电视台搞晚会，请一位导演排小品。导演问："这是谁写的本子？"得知是大侠，导演便婉言推辞："嘿嘿，我身体不好，受不了那个折腾。"谁想到，霍大侠听说后哈哈大笑，不知是得意还是掩饰他的尴尬。

"没人敢当导演，我就自己来，导演有什么了不起，老子见过的多了。"霍大侠亲自上阵，导演自己创作的电视剧。开头很顺利，他自我感觉非常良好，坐在监视器前，喊着"开始""停""再拍一条"等口令。摄像师不断地和他商量机位设置、镜头运用，美工师不断地和他研究场景布局、道具摆放，演员们不断地和他探讨角色性格、表演分寸，等等，人们轮留上阵把他搅和得有点晕头转向。不过，大侠就是大侠，他竭尽全力继续着他的导演处女作，每天睡眠大概只有两三个小时。而此间最让他伤脑筋的事发生了，有的演员因工期延迟要求增补报酬，有的重要岗位工作人员因私事旷工，搞得大侠身心疲惫。他病了，腿发麻。到医院一检查，大夫说是极度劳累造成的，内分泌严重失调，再不休息后果相当危险。大侠躺倒了，他不能拿命来赌气，没有拍完的电视剧只好委托别人来完成了。我不知道大侠这个时候在病床上想的是啥，反正挺让人心疼的！

说实话，我没有想到大侠打过官司。他的孩子开办了一间家具公司。有一权贵要退回买了已两年的一批货，声言这些产品令其苯中毒，并通告一堆媒体前来曝光。报纸、电视趋炎附势，争先恐后，热闹非常。大侠得到孩子禀报，气愤之极。他经过周密了解，拿到了有力的证据。原来这位权贵即将移位京城，价值几万元的家具不便带走，明知退货欠理，便无中生有，打造声势，想逼商家就范。若一般百姓因身单势弱，肯定会忍气吞声，退款不说，还要承受贩卖假货的屈辱，甚至会遭受惩罚，公司倒闭，被赶出家具城。权贵本以为这是小菜一碟。但是，用大侠的西府话说："该我儿怕没想到撞见他爷咧。老子就不信这个邪。豁出去了，认认真真地整一回，看谁整过谁！"大侠先把权贵以权谋私、欺诈商家的有关材料报告上级，然后礼拜媒体。没料想参与曝光的媒体没把他放在眼中。大侠躁了，拍着桌子吼出："狗东西，你们欺人太甚！"遂策划在各相关媒体大门口打出横幅标语，面向市井揭露真相。这一下媒体慌了，纷纷口头赔礼道歉，虽然瘘成软蛋，却在报纸和电视上没有任何表示。于是大侠一纸诉状递上法庭，最终判定媒体公开认错并赔偿损失。当电视上预报该道歉图像播出时段后，大侠专门差人电告权贵，务必到时收看。只是不清楚权贵在观后做何感想，我猜测，他一定会心惊肉跳、倒吸冷气加上目瞪口呆："我的爷呀，倒霉，遇上钟馗咧！"这个大快人心的消息传到家具城，大老板喜极而泣。因为结果若不是这样，家具城的品牌名誉将受到质疑，后果不堪设想。我问过大侠，何以如此执着？为钱还是别的啥？霍大侠哈哈一笑："该我儿，你把我小看咧。钱算个啥，老子最看不惯仗势欺人了！再说了，气不出不顺。咱这也是学习秋菊，要讨个说法呢！"

好长时间没有和大侠联系了，只是在网络上知道他又写出新作，而且由国内顶级喜剧大腕担纲主角，全国巡回，演出非常成功。真是可喜可贺。突然前几天，他打来了电话，说是人在西安，约我和另一位朋友吃饭。席间他道出，本省一位作家写过一本小说，书名和他的剧名一模一样。那位作家通过某家媒体披露，声言大侠的剧本侵犯了他小说的著作权，并述说一定要打官司。大侠有些吃惊。他太了解自己的创作过程了，难道中间有什么地方偶合？他赶忙找来小说仔细阅读，看后便心中有数，完全不相干，于是随时静候法院传票的到来。左等不来，右等不来，霍大侠急了，你不告我，我告你，告你这个作家在报纸和网络上造谣惑众，侵犯了我霍某的名誉权。他这次从外地回来就是为了这件官司，目前正在等待开庭的日子。

霍大侠精神抖擞，面泛红光，只是头发掉了不少。看见他的样子，我想笑又笑不出来，心里说："大侠呀，你知道吗？有位禅师说，头发是烦恼，少一根就少一分烦恼。哈，怪不得你头发脱落得快，你是火暴脾气，你是急着要把这所有的烦恼尽快地剔除掉呢！"

蕾蕾

这是她的昵称,亲朋好友们都这样叫她。她是一位非常出色的演员。她在央视春晚舞台上表演小品《产房门前》。那位挺着大肚子的农村媳妇春芳把所有的观众都征服了,一句台词"我要吃凉粉儿!"说得那样的淳朴、娇媚,可爱极了。凡是看过这个节目的人在任何时候只要想起这句词,脑海中立马就会出现她那农村妇女打扮、双手捂着大肚子的形象。这就是蕾蕾,她为小品艺术奉献了一个经典的人物形象。

蕾蕾早年考入甘肃省话剧团学员班学习,半年后被抽调到演员队,主演了话剧《金子》中的女主角苏秋华,受到好评。之后她又主演了话剧《白雨》中的女主角,此后先后演出了话剧《三换新郎》的女主角阿芳,《岳飞》中的女主角梁金风,《龙非凤舞》中的女主角刘培等。所有这些角色的创造让蕾蕾快速成长,为她以后的艺术生涯打下了厚实的基础。

后来蕾蕾调入西安话剧院，成为当时西安话剧院最年轻、最有希望的演员，深受领导及导演的器重。可谁也没有想到陕西省举办了首届电视戏剧小品大奖赛，蕾蕾和郭达一起表演的小品《产房门前》获得专业组第一名；同时也被中央电视台选中参加了当年的春节联欢晚会，随后一炮打响，走红全国。

于是，蕾蕾进京了，成了中央广播说唱团的一名成员。紧接着她多次参加中央电视台春节晚会及各种大型电视专题晚会，成为当今国内舞台上最受欢迎的喜剧小品演员之一。她的表演功底扎实，刻画人物惟妙惟肖，并且擅长表演各种不同类型、不同职业的妇女。她曾多次出国访问演出，把笑声带给了五大洲的观众。

在公安部举办的春节晚会上，蕾蕾与著名喜剧演员魏积安表演了小品《再恋爱一次》。这个小品反映了广大公安干警不为人理解的生活，深受广大公安干警的喜爱与肯定。后来，她在中央台春节晚会上和魏积安再次合作表演了小品《拆迁变奏曲》。她在元旦相声小品晚会上和石富宽表演了小品《河边约会》，在春节联欢晚会上和著名喜剧演员黄宏表演了小品《找焦点》并获得评选最优秀节目的第三名，和石富宽在元宵联欢晚会表演《三句半》获好评。在多期的《综艺大观》中，她先后表演小品《笑比哭难》《半夜鸡叫》《更年之妻》《招聘》《一条红纱巾》《旅游奇遇》《出国》《打针》《二把花伞》等近几十个作品。她还参演了春晚小品《好人不打折》、群星拜年《大拜年》、小品《清官难断家务事》、小品《换大米》以及与赵本山合作的小品《小九老乐》。

蕾蕾在荧屏前塑造了令人喜爱的各种喜剧形象。与此同时她也参加了多部影视作品的拍摄，在反映红军生活的《马蹄声碎》中扮演主角张大脚，在由作家陈忠实小说改编、反映农村改革的电视剧《四妹子》中扮演女主角四妹子，还拍摄了电视剧《男人无烦恼》《女人四十》。

我和蕾蕾是老朋友。在她未进京之前我们经常一起参加省电视台与电台组织的演艺活动。她非常质朴开朗。最有魅力的是她的笑声，穿透力极强，夸张点说能让耳聋的人恢复正常。她为人善良，对待艺术创作非常认真。而且她的幽默是不动声色的，是悄悄的，不像有的演员幽默变形失度让观众厌弃。蕾蕾几乎和所有一线的小品男大腕都有过合作，这说明她的人品、艺品在圈内得到了广泛的认可，人缘特别好。她的名声还表现在重情重义、不计报酬、为人低调方面。记得天津电视台来陕拍摄电视短剧《王木犊之广告专家》时，投拍资金有限，劳务费较少。当老朋友邀请她时，不谈任何条件便痛快地应允。蕾蕾扮演李幺妹，其中她要戴一光头头套。这是用猪尿泡做的。一位女演员为了艺术不惧形象的丑化，这种精神实在让人钦佩不已。

我和蕾蕾还有过多次合作。在北影厂拍摄的电影《现世活宝》中，她扮演了一位生育了六七个小女孩的农村妇女，被丈夫用人拉马车载着四处躲藏求生。她把那种对生活的无可奈何用喜剧幽默的形式表演出来，令人笑中带泪。这是何等的不易。

央视的一位著名导演组建大型《质量监督》晚会，地点定在海军大院游泳馆内。蕾蕾参与表演小品《爱情可乐》，她先是被不良商家用游泳池水兑的可乐喝坏了肠胃，痛苦不已，后来在用漏电的电热毯保暖中被电击得发抖发热，几经折腾最终跳入泳池逃生。整个表演过程难度极大，稍有疏忽就会出错，而且重拍又非常麻烦。

蕾蕾不愧是功底厚实的演员，一次就拍摄成功，不仅获得了导演的夸赞，还有观众的掌声和笑声。

　　北京电视台春节晚会邀请蕾蕾参与表演小品《绝不白吃》。她扮演小吃店老板娘。老板娘告发了一个经常到小吃店白吃白喝的"老鼠办"干部。干部在受批评前来赔礼道歉。老板娘担心是来打击报复，仍用好吃好喝伺候，令这干部处在诱惑与认错的纠结之中，于是一出讽刺喜剧拉开帷幕。蕾蕾把老板娘既不敢得罪干部又要讽喻抗拒的两面心态表演得淋漓尽致，得到了剧组和观众的高度美誉。

　　在方言情景喜剧《西安虎家》中，我们又相遇了，可惜没有对手戏。蕾蕾客串一位大龄剩女。拍摄时我在场外当观众。她的假意矜持，她的大大咧咧让众人忍俊不禁，同场演员也险些笑场。可见她是表演喜剧的高手。

　　有一段时间在电视上没有见到蕾蕾的身影，大家都忙并未在意，后来才知道她的家庭生活发生了重大变故。这种变故对她来说是非常残酷无情的，几乎要摧毁她生活的信念。她闭关度日，灵魂出窍；她隐忍痛苦，拷问世态；她透视人生，调理心情。在朋友们的关怀和帮助下，她终于超脱了，我们又见到了那个善良可爱的蕾蕾，听到了她爽朗的笑声。

　　在央视的元宵晚会上，她出演富有陕西特色元素的喜剧小品《卖画》。富裕了的农村大嫂的欢乐热情被她演绎得活力盈溢。红枣映出日子的甜蜜，手机上的农民画是现实和梦想的美好结合。蕾蕾的表演依然生动自然，只是更多增添了一些沉稳的气息。她的笑声魅力无穷，感染观众同享其乐，也一定会感动上苍护佑她平安康泰。

  在这里，让我这个老朋友祝福她：蕾蕾，命运掌握在自己手中，不看别人的脸色，活出精彩自在，让欢笑永远陪伴着你，尽情地享受自己的生活吧！

大相

大相就是大相,不是大象,没有成吨的体重,也没有长长的鼻子。自己名曰大相,表明他为相家老大,因为还有相老二、相老三。所谓相,在帝王社会是宰相。大相非相,他是小皇上,是一个集团公司的老总,别人尊称他为相总。我不这样招呼他,我习惯叫他小相,这是爱称。小相小相,矮矮胖胖,匀匀称称,圆圆壮壮。

已经记不清第一次和小相见面是什么时候了。想当初他是我的粉丝。哦,不对,他富态的身段应该是我的粉带。他几乎出席了我参与的大部分演出活动,以至于电视台的导演们和他非常熟悉。由于他的随和,由于他的可爱,常常被安排在醒目的位置入席。甚至有的导演能把无证件且无门票的小相带进录制大厅,为他安排就座。于是小相的出镜率自然也就每况递升。有一年电视春节晚会,所有的人不得不在舞台侧幕站立,但小相例外。没有人敢叫他离开。可见他的地位非同一般,我都有些嫉妒了。

小相稍为年轻的时候忙些什么不太清楚,只知道他在农村上学,不多久便去市里油脂厂上班,时间不长又离厂自谋职业。他说是小打小闹,和妻子一起卖点粮、油、化妆品而已。这个时期,别人介绍他参加我在电台组织的《谝闲传》栏目。认识后他非常热情,经常联络并用车送我去采访。有一次,我坐他的车去临潼了解兵马俑展馆周围的商贸情况。在车上,西服领带的他批评我穿戴太寒酸。他说,下车后别人肯定会以为我是他的跟包。我无语,心想跟包就跟包。只是我没想到后来的很多场合我不仅是跟包,而且成了三陪:陪吃陪喝陪会客。

那时他做的是小生意,本小利薄赚钱不多,不得不和方方面面拉拉关系。他隔三岔五地打电话说请我吃饭。一般我都会答应,而且早到,当吃货心甘情愿。等到酒店我才知还有其他客人。大家见面互相致礼,入座后只是敬酒吃菜,不谈任何正事。我猜想他是拿我当招牌用用而已,于是我也就随和扎势摆样子,时不时插插话、打打岔,谈笑风生乐哈哈。至于他请的客人起到什么作用我不得而知,倒是新交了一些朋友。小相说:吃咧喝咧,人家能记住咱就不错咧。这时候我这个商盲才大概知道做生意不容易。唉,的确有点难!

小相星座射手。占星书上写道:射手座具有冒险精神,可以像箭一样冲进未知领域,但往往由于太冲动而一发不可收拾。的确,小相性格被说中,他开始照天意行动了。有一回记得特别清楚,他约我在城堡大酒店厅堂喝咖啡。他说:当自己有这样的酒店的时候才有成就感!从此以后,我们见面就少多了。后来才知道他开了超市，在全省遍布成网，光手下员工加起来就有上千人。起初他的中型超市经营极好，后来就慢慢冷清了。特别是国外一些大型超市在三秦大地出现以后，他的超市明显疲软。这时候，小相果断决策，将自己全省的超市全部卖给了别的超市集团。他用所得钱款真的开始创建酒店了。射手座冲动了，一家酒店不过瘾，集资筹款加上银行借贷，他陆陆续续在阎良、咸阳、汉中、安康、西安等地开办了近十座。这些酒店有的还带住宿。那真是高楼耸立，遥相呼应。说实话，我非常感慨：一个小胖子，岁数不大、文化不高，竟有如此这般特殊的能力在短短的时间里实现了自己的目标，令人佩服之极。现在应该颠倒过来了，我是他的追星族，是他的粉丝。他创造的奇迹，他为社会做的贡献，是我望尘莫及的。

占星书上还说，射手座的人性格外向，是急脾气。小相对人决不虚情假意，喜怒哀乐全在脸上。高兴时面如桃花，和颜悦色；愤怒时就是仙人掌，墨绿带刺了。恰恰是这样，小相的正直爽快决定了他的知心朋友很多。当然了，如果你有事想让小相帮忙得看"气候"。桃花时节就很容易搞定，若是仙人掌便免谈，弄不好刺会伤你的。哈哈，看你的福运了。有时他答应你的事也许你还没完全想好，他已经安排人去办了，他看不起肉性子的人。

小相年轻，喝点酒也会像儿童一样贪玩。我拍过一些他穿着演出服的照片，其中有匪兵、孙悟空、戴假发的女人等等，扎势模仿引人发笑，看来他身上还潜藏着不少的喜剧表演细胞。酒醒以后他问我："喝多了没出啥洋相吧？"我说："哎呀，可惜了，这世上虽然多了一个老总，却埋没了一个喜剧天才！"

日月穿梭，岁月不饶人，小相也长大了，悄悄地步入了中年。

我猜想，这些年来小相肯定有过炼狱般的生活，吃的苦怕是常人难以想象的。要不然他不会在过大年的时候，在西安通往安康的山路上，坐在汽车里望着窗外的茫茫大雪默默流泪。常言道：男儿有泪不轻弹。小相一样，平时是乐观的，性格也显现出老陕的特质：倔强、坚韧、不怕苦。这时候动情难道是思念夫人咧？不会吧，出发时刚亲热过的呀！我估计小相是在怀旧，怀旧让他想起了我，想起了开着车送我演出，送我采风，到处游玩，到处热闹，日子很简单，生活很愉快。可如今，踏勘考察，选址定点，集贷资金，广聘高才，疲于奔命，喜怒无常，到处求爷爷告奶奶，累得跟龟孙一样，为了啥嘛？想到这儿，想到从起初讲话要拿稿子到后来演说出口成章，这中间光学说普通话不知咬破几回舌头的时候，心中不免一酸，小相的泪水在眼眶里待不住了。记得前两年，小相有病住院，我去看他，胡子留得好长没刮，嫩脸扎了个沧桑势。这大概和心情有关。说话间他还撩起衣服让我看后脊背上动过手术的疤痕。按理说，他这个岁数怎么能椎间盘突出呢？小相呀小相，再忙也要爱惜身体呀，该突出的一定要突出，不该突出的坚决不能突出。嘿嘿，这是原则！

可以说小相和我是忘年交朋友。他在南二环建新店时另辟一隅开办小剧场，说是专门让我在此养老，可见有情有义。谁知小相又冲动了，四年之后他又投入巨资建办第二个小剧场。这就奇怪了，难道养老还给我安排二房？可能由于调研不细，也许心态过急，当然还有其他因素，这一回射手放出去的箭折了，收兵回营韬光养晦，小相受到冲击暗自神伤。我注意到他慢慢有变化了，常去一些山清水秀之地散心，去打高尔夫，冬天去冷的地方滑雪，也去庙宇佛门讨教悟禅,领着一班人去河边将鱼放生。他还带领团队深入山区扶贫助学。这正是:安心做善事,但求有福报!

我要感谢小相,他领着我和一台演员去美国和加拿大慰问侨胞,让我长了见识,真是不亦乐乎。这一行人来往机票均是小相和其好友掏腰包,可见小相大度有加。对外演出的成功让他也获得了极高的声誉和自信。

小相是企业家了,还当选为市人大代表。这说明在人生的道路上小相初见成功,这是他智商和情商综合水平的表现。不光事业,家庭也圆满,四世同堂,他才五十岁不到已经当爷了。可见早恋早婚是个情种,已经没有了一般人望己成爷的无奈。小相留胡须了,只是在下巴尖端象征性的一撮,以表明爷的身份。中年正是这位嫩爷的大好时光。虽然在事业上还会遇到各种困难和坎坷,但小相成熟了。只要不断地加强学习和总结经验教训,完全有理由相信,在时代发展的大好形势下,抓住机遇,在朋友们的帮助下,在已经建立的基业上,发奋努力,小相一定能够会再次创造出新的辉煌!

小相小相,矮矮胖胖,大肚圆圆,弥勒佛相,福气满满,善心激荡,笑口常开,前程无量!

徐杰

几乎天天在电视上都能看见他,绝对的美男子,微笑中透着谦恭,说话间彰显魅力。无论在任何位置都能感觉他的双眸在盯着你,那样的亲切,那样的温馨。谈天说地,家国政论,这就是人见人爱的徐杰。

徐杰,陕西广播电视台《陕西新闻联播》主播、播音指导(正高职称),陕西广播电视学会播音主持委员会副秘书长,省政协委员,连续三届省青联常委,陕西省宣传文化系统"四个一批"人才,享受三秦人才津贴专家,入选陕西首批百名优秀青年文学艺术家扶持计划,陕西省优秀新闻工作者,曾获得陕西青年五四奖章、中国播音主持金话筒提名奖、中国播音主持作品(政府奖)一等奖、陕西电视文艺金鹰奖优秀节目主持人一等奖等,连续四次蝉联陕西广播电影电视局系统十佳节目主持人。担任陕西公益志愿者形象大使、陕西慈善形象大使,2016年代表陕西主持中央电视台春节联欢晚会陕西分会场和元宵晚会陕西分会场。

我认识徐杰是在晚会上，他主持，我演节目。他平易近人、随和大方，主动找你询问如何介绍内容和演员，态度诚恳、和颜悦色，平添了演员演出的自信。要知道，他可是有着十几年的从业经历，先后主持《陕西新闻联播》《综艺圈》《精彩九九》《西部大开发》等多个新闻、专题、综艺栏目，并参与主持了包括春节晚会、朝阳行动等在内的大型电视直播晚会数百场的著名主持人呀，如此这般着实令人感动。

主持人是传媒的符号，更是备受关注的新闻人物。作为连接传媒和一般受众的桥梁，主持人可以使传播内容变得鲜活与深入人心。同时，主持人以个性面貌出现，具有强烈的感染力和亲和力。在当今竞争激烈的传媒行业，主持人的品牌效应已经在决定着栏目占领市场的份额。关于主持人的分类五花八门，从形式上区分有：报幕式、串场式、播报式、操作式、解说式、组织式、访问式等；从节目内容上分有：新闻类、经济类、文艺类、文化类、体育类、服务类、少儿类、学术类等。呀，这么复杂。我问过徐杰："要做一个合格的主持人，必须具备一些什么条件？"他说："主持人必须首先要有强烈的社会责任感和较高的政治思想水准，精神上要有高尚的道德情感、完美的人格、良好的气质、良好的心理素质；业务上要有深厚的知识底蕴、良好的语言素养、优美的音色、宽广的音域、较强的口语能力，还应具备一定的临场应变、即兴发挥能力以及一定的策划和组织能力。当然，具备个性鲜明的风格就更好了。"我的神呀，原以为颜值高点就行，现在看来社会上好多主持人出来是混饭吃的，哈哈！一个好的节目方案需要主持人来具体执行实施,要由主持人在话筒、镜头前来完成。一旦到了这一阶段,除了修改节目内容,别人谁也帮不了主持人的忙。对于听众观众的注意力、情绪的调度指挥,以及节目的效果,全都在于节目主持人的把握了。徐杰拥有清俊明朗的外形、较好的表达能力和应变能力、良好的沟通技巧和控制气氛的能力,知识丰富,兴趣广泛,具备了一名优秀主持人的良好素质。但他并不满足,他清醒地认识到这一片拥有十三朝荣耀历史的大地,承载着一个民族的根与魂。以"人文天下"立台的陕西电视台,更是将"传五千年历史文明,播新时代先进文化"作为理念。作为陕西电视台的一名主持人,徐杰每天都将自己的微笑和感动通过荧屏传递给三秦大地的每一位观众。主持新闻节目有着一定的程序。但创新与发展却没有程序。为了取得多方面的发展,同时提高自己的业务水平,徐杰不断地拓展自己的业务之路。他在做好本职新闻播音工作的同时,在各种大型综艺晚会和现场直播活动中也有着非常突出的表现。

徐杰主持了时任文化部部长孙家正同志出席的第15届世界古文化遗址大会《相约西安》大型文艺晚会;主持了航天英雄杨利伟同志出席的中央军委授予"神舟五号"着陆场站功勋文艺晚会;连续主持了陕西电视台多年的春节联欢晚会。徐杰还连续主持了5届大型媒体活动《朝阳行动》,并多次与中央电视台、凤凰卫视、星空卫视、香港亚洲电视及湖南卫视的同行合作主持了多台不同类型的大型晚会,主要有:与中央电视台节目主持人梦桐一起主持央视中秋晚会西安分会场;与曹颖一起主持湖南卫视"快乐男生"西安赛区总决赛;与星空卫视主持人孙国庆、杨杨、天天一同主持"三阳开泰"春节联欢晚会;与凤凰卫视主持人陈鲁豫共同主持"我们手挽手"陕西省抗洪赈灾晚会;与中央电视台主持人鞠萍、白燕升共同主持"天下名丑长安乐"中秋晚会;与凤凰卫视主持人胡一虎、周瑛琦共同主持"美丽眼睛看世界"世界小姐西安行大型综艺晚会以及仿古入城式;与香港亚洲电视主持人刘锡贤合作主持亚洲小姐中国赛区总决赛暨颁奖晚会;与凤凰卫视主持人杨锦麟、李秀媛合作主持海峡两岸寻根之旅"秦时明月汉时关"中秋晚会等。最值得一提的是与央视主持人朱迅合作,担任2016年中央电视台春节联欢晚会西安分会场主持。所有这些受到了领导、观众、合作同人的高度评价,并在社会上引起了广泛关注。

在汶川地震中,徐杰带领全组同事圆满地完成了抗震救灾的相关报道任务,显示出了较强的组织和协调能力,受到了部门和台领导的好评。地震期间徐杰每天在岗位上坚守工作15个小时以上,首当其冲地承担了大量的突发直播任务,表现出了稳重大气、临危不乱的良好新闻素养,极大地提升了自己的业务水平,受到了观众的好评,为陕西电视台树立了良好形象。主持众多的大型活动、与同行同台竞技、突发事件中专业水平的发挥等,使他不仅得到锻炼的机会,更深深地体会到自己与其他主持人的区别在哪里,如何提高自己。他说,参加这么多的主持活动,他感受到,从某种意义上说,主持人简捷、明朗的口语表达是一门艺术。它区别于新闻播音员犹如书面语似的传达,有别于朋友同事之间的闲聊,而是一种犹如演说家的即兴发挥和感情释放。他强调说,在面对突发性灾难事件的报道时,电视媒体尤其是有所担当的记者和主持人,更能表现自己的专业责任、社会责任、道德责任,这是媒体和媒体工作者软实力的较量和体现。

一名主持人的脱颖而出和他产生的社会效应，都离不开他所依靠的那个团体。徐杰说，他所在的团队是三秦大地的传播者，每天都会有新的消息、新的喜悦，通过他们传遍陕西，传遍全国。他们希望通过自己的努力，让三秦人民了解自己，沟通全国，同时让全国的观众了解一个新的陕西、发展中的陕西。他说，最值得骄傲的是，自己能够通过电视这样一个平台，做三秦百姓的知心朋友，做观众的知心朋友。他爱陕西，爱三秦的父老乡亲！

好样的，徐杰！你发现了没有？你就是为电视而生的。虽然你已经取得了别人无法比拟的成绩，但是山外有山。在这里，好朋友期盼你百尺竿头更上一层楼，为陕西争得更大的荣誉！

兰成

兰成，个子高高的，身材瘦瘦的，眼睛眯眯的，表情逗逗的。他是国家一级演员、著名相声表演艺术家，央视《曲苑杂坛》栏目编导、顾问，专业作家，师从相声大师马季先生。兰成在《曲苑杂坛》工作二十多年，先后创作表演的相声有《文艺兵》《送别》《咱爸爸》等许多优秀作品，在全国、全军各种比赛中获得五十多个奖项。

有一个时期，我在《曲苑杂坛》栏目帮忙，于是就认识了兰成，并与他成了好朋友。他原是南京军区前线文工团的相声演员。在长期的从艺生涯中，他注重传统与现代的结合，并积极探索曲艺发展的新路子。在中央电视台《曲苑杂坛》，他策划了系列相声小品《聪明的剧务》《洛桑学艺》《新疆妹买买提》《放驴小子》《木瓜打擂》等作品，播出后深受观众的喜爱。兰成曾录制曲艺专辑《笑口常开》VCD，并出版《兰成获奖相声作品集》《兰成相声小品集》

《兰成的相声》等专著，多次出访中国香港、中国台湾、日本、新加坡、马来西亚、加拿大、泰国等地区和国家。兰成是曲艺界不可多得的能写善演，并深受观众喜爱的艺术家之一。他参与创作和表演的一些作品在网上可以搜看，观后定会有巨大的收益：相声《说常言》《各有所长》《咱爸爸》《新村新貌》《彬彬有礼》《风格赞》《训徒》，相声小品《放驴小子》《聪明的剧务》《木瓜打擂》，四不像《争鸣》等等。

兰成非常聪慧，为人随和低调。但当我翻阅了他的《兰成相声作品》《兰成相声小品》《兰成曲苑杂品》三本厚厚的巨作之后，着实敬佩不已。近百段相声，几十部系列相声小品、快板快书、说唱、相声剧等创作凝聚着他的心血。很多时候人们在电视上看到的精彩曲艺节目都是他写的剧本。说心里话，我接触的曲艺人不少，像兰成这样有独特风格的高产作者却不多。他勤于思考，决不仿旧，另辟蹊径，大胆创新。我以为这才是曲艺工作者的典范。兰成说："相声首先在题材上要有所突破，时常聊点新鲜有趣的话题，谁不愿意听呀？接下来就是演员自身素质的提高。以前是演员领着观众走，现在已经反过来，观众进步太快了，获取信息的渠道太多。你说的笑话包袱，人家早就听过了，根本笑不出来，甚至还能说出你从哪儿抄的。你还拿老一套的表演给他看，他当然不愿意看。"兰成的相声《咱爸爸》，反映三大战役的重大事件，一般人想都不敢想，他却写得妙趣横生。马季大师评价为"这是相声里程碑式的作品"，可见其水平已达相当高的程度。

在《曲苑杂坛》我亲眼见识了兰成策划和创作相声小品系列剧的艰辛。很明显，这类节目是栏目的需要，必须逗乐，围绕着演员的技巧或绝活设计人物，调动性格因素推动情节发展。但最重要的是务必找到这么一位有技巧的演员。兰成告诉我："导演说必须要5期才能成为一个系列。这类节目是技巧型，不是故事型，把演员的绝活用完了，就到头了。"太难为兰成了，他要先找演员。也有很多人毛遂自荐的。没有什么特色或能力有限的不好用。这需要先考察，唱歌的、跳舞的、杂技的、魔术的、循规蹈矩的、不伦不类的，真是五花八门。哈哈，兰成头大了。他得根据不同人的特点设计戏剧情节结构，捋顺人物关系，用性格冲突来添加喜剧色彩。何况这些人有的技巧挺好，却不会演戏，甚至上舞台没张开过嘴，连话都说不顺畅。兰成绞尽脑汁，调动他的一切艺术储备，而且不能重复自己，在广泛吸取意见和建议下，不断地修改调整，终于圆满地完成了五六个系列三十多期相声小品的录制播出，得到了广大观众的认可和赞扬。节目在给老百姓带来欢乐的同时，也捧红了一批演员，如憨厚可爱的洛桑、活泼灵动的买红妹、"逮谁学谁，学谁像谁"的剧务德江、还有多才多艺的小飞、木瓜亚东和男扮女装的五朵老金花等。兰成把这种样式称为相声小品，我估计很难得到有关专家们的认可。管他呢，爱咋的咋的。一种艺术样式的确立要允许它由起步到成熟的发展，就看有没有蓄志者勇敢地做下去！

在香港回归的前一年，我和兰成随中国长城艺术团赴港演出。我们在一起相处的日子里非常愉快。他平时话语不多，不掺和闲事，表面木讷迟钝，实则大智若愚。早年他就在老家徐州办了个兰成艺术学校，邀请了全国许多的知名艺术家前来授课，其师马季也多次亲临指导学生，为部队和一些专业文艺团体输送了大批的人才。

另外，兰成有两项成就值得大大夸赞。那就是他在书法及收藏方面也颇有研究。兰成尤爱书法，习练书法30多年，擅长隶书。早年，马季先生发现他在书法方面的天赋及功力，举荐他敬拜当代书法大师刘炳森为师深造书法。当时身为书法家协会主席的刘老，看了兰成的现场书法展示后，惊叹不已，并在马季先生的见证下收徒。得到名师指导，兰成的书法作品更是笔墨浑厚、兼收并蓄、气势如虹。为了提高书法的艺术境界，他还广交书法名家好友。当代书法大师，现职中国书法家协会副主席言恭达先生就是兰成的亲密好友。言先生对兰成的作品更是喜爱有加，并且亲自为兰成创作篆刻了印鉴章："马季门下、恭达门对"。

你根本不可能想到兰成会有如此的魄力。他收藏的汉画像石《秘术百戏图》年代为东汉，长162厘米，宽98厘米，厚25厘米，用浅浮雕技法雕刻，细密精致，堪称艺术精品。由兰成题字的拓画作品，更是异常珍贵。仅有的几幅作品被国内书法名家、商政名流收藏。这是一项伟大的工程。他开了一间汉画展览室。走进展室，室内的布置顿时令人眼前一亮。经过精心装裱的百余幅汉画拓片挂满了近百平方米的房间，非常的壮观、精美、大气。《车马出行图》《比武图》《水陆攻战图》《六博龙凤呈祥图》《将士出行图》《乐舞指挥图》《孔子拜见老子》《伏羲》《女娲》等，一幅幅汉画主题丰富、包罗万象。仔细观赏，一种感动、钦佩之情油然而生：每一幅拓片兰成都用毛笔亲手书写了释文。释文用小隶书写，每个字都是一丝不苟。漂亮的书法让人赏心悦目。这些释文，少的数百字，多的数千字。其中一幅《庖厨牛耕典故图》的释文约有3500字，兰成写了三天才完成。他完全着迷了。像《水陆攻战图》的拓片，原石是济宁博物馆的镇馆之宝,一般不会随便允许人来拓。兰成是用真诚加上"名人效应",费了很大劲才拿到的。他知道汉画像石是汉代人民的智慧结晶。为了让老百姓了解汉画像石,他先做释文,对图中的典故、所反映的汉代生活习俗、礼仪制度等加以表述,让人看了以后对汉朝有一个更深入的了解。他打算待时机成熟,将汉画像石中的内容写成剧本,做成动漫,加上原生态方言配音,那时候就会更加生动地让百姓了解汉朝的历史与风俗。

  我的神呀,这就是兰成,一位有着远大抱负的精英,有信仰、有目标,执着地追梦,干啥啥成。老朋友在古城西安祝福你,兰成,加油!!

沈伐

沈伐是著名谐剧表演艺术家,在四川以及大西南赫赫有名,就是在全国也很有影响。在四川,你问四川省长是谁,可能没人知道,沈伐却是家喻户晓。那真是:名声在外,人见人爱。

我和沈伐有缘分,第一次见面我们就同居了。哦,是被剧组分配在一起居住了,而且一住就是两个多月。那是参加1988年中央电视台春节晚会的时候,沈伐给我留下了难以忘怀的深刻印象。

沈伐的个子不算高,但比例适中,裤腰带在黄金分割线上,人不胖,属瘦肉型的,很精干。他的五官配置,也就是他的长相在男人的PK中,我认为可以进入第二轮。在淘汰赛中,要是遇见美男,沈伐基本可以放弃,要是遇见我这样上身长、腿短、大屁股的就好了,可以绽放笑容一搏,是否胜出就要看他的造化了。

记得在春晚节目的准备期间,每天晚上一

般无事,我和沈伐不爱串门,便在房中观看电视。他躺在床上,手握遥控器笑着问我:"看哪个?"我说:"你随便!"于是他打开电视机,按出一个频道。不到五秒钟,他说一声"不好看",就换了一个频道。又是五秒钟,又是"不好看",又换一个频道。接着是四秒钟,"不好看",换频道。三秒钟,"不好看",换频道。速度越来越快,只听见一声声"不好看""不好看""不好看",最终,当所有频道按完,"啪",电视机关了。沈伐总结了一句话:"统统的不好看!"这时候,我笑了,心说:沈伐呀沈伐,你这不是在看电视,你是在进行全国电视节目的蒙太奇剪辑:古代的、现代的;打架的、打球的;哭的、笑的、闹的、叫的;还有牙膏、白酒、药品、美容和妇女用品等广告的交错闪现,编辑成的片名叫"头昏脑胀"。幸亏我意志比较坚强,要是神经衰弱的人,肯定叫沈伐整休克了!

沈伐关了电视,就势在床上来了一个后滚翻,两只脚靠在墙上不停地抖动。看得出来,他小时候一定是儿童多动症的成员,长大了刹不住车,惯性依旧。后来我才知道,年轻时他是舞蹈演员。这让我有些惊奇。他的身高跳舞吃亏,演英雄别人不好和他配戏,演个二流子、狗腿子还差不多。于是他改行了,放弃了舞蹈,拜师学演谐剧。这一转行无疑是英明的,不仅改变了沈伐的一生,也成就了他后来的红火精彩。

我看过他老师的谐剧专场演出,《卖膏药》《黄巡官》《自来水龙头》等作品给了我极大地震撼。他老师还赠送给我一本谐剧选,让我如获至宝、爱不释手。这种"一人独演,独演一人,一人一台戏"的艺术新品种令我大开眼界。谐剧是取诙谐、和谐之义,是诙谐的戏剧。谐剧集话剧写实、戏曲写意、曲艺虚拟的特征于一身，为创造活生生的喜剧性格人物提供了广阔的天地。

常言道，名师出高徒。沈伐得到了老师的真传，他表演的谐剧更是色彩斑斓、个性鲜明。我看过沈伐的《零点柒》《这孩子像谁》，塑造人物入木三分，审美时仔细品味，令人如痴如醉。开始我以为这是一位天才。但在我和他相处的日子里，我感觉到了他对谐剧表演的执着追求。他的热情、他的勤奋、他的全身心地投入才是他成功的根本原因。

有一天晚上，沈伐照例把电视节目巡查了一遍以后，兴冲冲地对我说："我给你演一个谐剧，好不好？"这是我没有想到的。我说："就给我一个人演呀？"他说："一个人，专场，稍等片刻，马上就好。"他拿了几件东西进了洗手间。不到一分钟，我听见他在洗手间开始报幕："请欣赏谐剧《王保长》，鼓掌！"在我的掌声中他出场了，头戴黑礼帽、身着黄呢子上衣、脸上有小胡子的王保长活脱脱地站在房间狭窄的通道上。一招一式、举手投足把个萎靡淫逸的小人刻画得惟妙惟肖。在表现王保长献媚三嫂子的细节上沈伐更是下足功夫，纠缠和反纠缠的戏剧冲突展现得淋漓尽致。沈伐的表演深深地迷住了我。在演出结束时，房间里响起了我一个人的经久不息的热烈掌声，连手都拍红了！

沈伐卸了装。他丝毫没有演累了要休息的意思，拿出从四川带来的酒要和我畅饮叙怀。很遗憾，我不动酒，只好表达歉意。沈伐笑着说："你说你四川出生算四川人，（格老子）不喝酒算啥子四川人嘛！"接着他为我做了一碗正宗川味的担担面，其中面、各种调料、豌豆尖以及电炉、锅都是专门带来的。我非常感动。说心里话,这样一位演员,如此平易近人,如此热爱生活,如此痴迷艺术,他想不出名、不著名都不行。

沈伐很少自己单独喝酒。他说那样没意思,与酒友共酌才能使心情大爽。于是,我们房间便成了剧组好友相聚的沙龙。当然,必须是会喝酒的或者是想吃面的。每一天沈伐都有喝酒的理由:"星期一是一个礼拜的开头,需要庆祝一下","星期二是双日,图个吉利嘛","下雪了,瑞雪丰年,喝","天晴了,前程灿烂,干一杯"。由于有聚会的原因,朋友们喝他的酒无拘无束,浑身上下都是痛快的。从这里可以看出,沈伐有着超出常人的想象力,而且极富川人的幽默。我和沈伐在一起,天天像过节。朋友们来了,一起看沈伐表演,然后喝酒,然后吃面。当央视春晚结束,我和沈伐说再见的时候,不是客套,是真心实意地想和他再见!

终于再见了,在他从艺五十年的庆祝活动时,我受邀出席并观赏了他的专场演出。我惊讶地看到他年逾花甲,童心未泯,就连开场舞蹈他都能和一群少男少女跳起那极富动感的彝族舞《快乐的哆嗦》。我知道这是他的童子功,不停地抖动是在宣泄他对这个舞台的眷恋。接下来他的谐剧更是缤纷夺目,《王保长》是经典,他的《零点柒》,他的《武大郎》等,塑造的每一个人物都是那样的性格鲜明,那样的绚丽光彩。演出落幕,掌声雷动,鲜花簇拥,观众挤上台抢着合影。这时候的沈伐像孩子一样傻笑着,汗水泪水交混在一起,咸咸的、甜甜的。我无语,给了他一个大大的拥抱。

没想到沈伐参演的影视剧也拍得热火朝天,王保长系列、阿满系列,一部接一部。我就奇怪,这人怎么能如此的充沛精力?也是,他有他的养生之道。

沈伐热爱生活，对人诚恳，从不骄横，乐于助人。友人在外地开酒店，电话托他找川味大厨，不到一星期就搞定。朋友的朋友的孩子想学川剧变脸，他找到最好的大师来教。无条件，无报酬，心甘情愿，乐此不疲。沈伐特别注意劳逸结合，最大的爱好是打麻将。川人麻将闻名华夏。我去店铺买电池，老板在店内正在酣战。叫了几声无人回应，再叫时老板吼道："哎呀，喊啥子嘛。等一下，等这盘打完了嘛！"生意可以不做，麻将不可不打。沈伐也是如此，麻将打得可以忘我，肃穆认真不苟言笑。旁边观战者离桌三尺，屏住呼吸，绝对噤声。打麻将就像打仗，硝烟弥漫，牌声如弹。沈伐告诉我他们打牌的规矩有一个血淋淋的名字，叫"血战到底"。战争结束，觥筹交错，谈笑风生，毫无胜败悲喜，真是仙人一般。沈伐活得潇洒，活得自在，他定能活过百岁！

第二季 文武双全

葛导

葛导是老朋友，国家一级导演，满族人。但他不满足，多年来，一直坚守在电视文艺前线，执导过多台大型文艺晚会、春节晚会、现场直播活动。他的作品18次荣获中国电视文艺最高奖"星光奖""金鹰奖"。他曾荣获"陕西省首届电视艺术家"、第五届"全国德艺双馨电视艺术工作者"、"陕西省民族团结进步模范"等称号，个人专著《荧屏走笔》由中国文联出版社出版。葛导现为省政协委员、电视台影视频道书记兼艺术总监、中国电视文艺委员会理事、中国电视艺术家协会会员、陕西电视艺术家协会理事、陕西省作家协会会员。

葛导所取得的成绩和他现在的这一大堆头衔，让我对他真是刮目相看，说实话，都有点犯晕。想当初我见到他时，他还是位非常年轻的演员，在省广播文工团工作，什么节目都演，相声、唱歌、话剧、眉户剧等，相声说得很少，话剧演得不错。他在名剧《雷雨》中饰演的周冲形象给我留下了深刻印象。电台录制广播剧,他去做音效,风声、雨声、枪声、炮声、马蹄声、跑步声、电话声等,全靠自己准备道具,真是一种锻炼和学习。社会发展,电视起步,他来到电视台,台里让他学录音。电视剧开拍,他当剧务,偶然跑个龙套。后期制作,他干动效得心应手,有时配音群杂。就连电影厂也请他制作动效,可见已达专业水准。那时候他挺忙碌,骑着自行车,驮着他的动效杂货包,在市里的几个录音棚穿来穿去,累并快乐着。他到底年轻,还能挣点小钱。电视台成立文艺部,调他去做摄像,虽然扛机子有点沉,但乐趣多多。谁知他这一扛便是十年,爬高上梯、移动摇臂,技术过硬、经验丰富,于是各种晚会与大型活动录制第一主机位非他莫属。等开办综艺栏目的时候,他成了摄像兼导演,慢慢又成了专职导演。这就是葛导,广播电视的各个工种他都干过,而且基本是样样精通,加上他的情商、智商盈溢,他不辉煌天理不容。

我和葛导相知相熟是在他当导演的多届全省春节晚会上。春晚是一项工程。有人说,年过得好不好跟春晚有极大关系,这有点夸张。老百姓图的是热闹,看得舒服了多吃几个饺子,不满意了骂几句,喝醉睡觉,第二天该干啥干啥。倒是导演负有重大责任,得让上级认可,要让百姓夸赞。说起来容易,做到却极难。我见过他写的某一年春晚的总体设计文案,其中包括晚会的指导思想、主题与内容、基调与风格、形式与内容、篇章板块结构等都考虑和叙述得非常翔实而精彩,其中形式上采用内外景结合、主会场与采访点结合、现场演出与纪实写真结合、艺术性与参与性结合、实地拍摄与精心制作结合,要求大场面、多侧面、主体化、全方位的综合展现。我的神呀，这要是我根本无从下手。可葛导清楚。他把整场晚会用情绪和审美效果分成板块，再把每一个板块划分成小板块，在板块主题下将各类节目结合包融，既有战略性的宏观大格局，又有战术性的微观小细节，让整体和局部都美轮美奂、引人入胜。我明白了，就像顶级大厨为盛大宴会烹制满汉全席，所有的食材应有尽有。你得搭配出独有的特色，且要色、香、味俱全。有意思的是葛导请我吃过几次饭，每次必点大烩菜。他特别偏爱这种乱炖，就是把各类可食的东西一锅煮。我暗笑，他要是把喜吃大烩菜的习惯带进春晚该如何，倒是省事，找些节目加上主持人一搅和就行了。可葛导绝对不会，他是有文化、有理想的高智商电视人。唉，可惜像葛导这样优秀的导演不是太多。真有不少的吃货导演在好多电视台乱炖着，久而久之彻底败坏了观众的口味。他们遭骂不算，夸张地说，就怕影响到有一天连电视机都卖不动了。哈哈，赶快让葛导给他们办个学习班吧！

　　葛导值得敬重。他在为我们的生活制造快乐的时候，也隐忍着自己的痛苦。有一年，在春晚拍摄制作的关键攻坚时段，葛导母亲患病去世。他送别亲人，以超人意志抑制悲伤，全身心地投入智慧和精力去为百姓添加春节的喜庆。这就是葛导，迷恋电视艺术的痴心汉。他是拼命三郎，面对任何困难都勇于克服。他为民打造新景观，孜孜不倦地奋力实现电视人的生命价值。

　　葛导参与策划和导演电视台的一档综艺栏目《TV好时光》，其参与性、娱乐性、知识性、欣赏性深受观众欢迎。他还亲自登台扮演"诸葛亮"串联主持，至今仍有老观众记得他。另外，在任务艰巨、时间紧迫的情况下，葛导受命导演"大型抗洪赈灾电视直播晚会"，他带领同人们从准备到播出仅用四天就完成了。这在电视台绝无仅有。在众志成城抗击非典的严峻时刻，他导演的"陕西省抗击非典大型晚会"引起强烈反响，起到了鼓舞斗志、振奋精神、稳定社会、呼唤责任和凝聚人心的作用。他导演的"西部电视集团元旦晚会"具有鲜明的地域色彩，对宣传和了解西部有着深远的影响。他策划和导演了音乐电视《东方红》及专题片的拍摄制作，受到人们广泛好评。该片在中央电视台多次播出，在将陕北民歌推向全国和世界的进程中起到了积极的作用。好了，还有太多的事，不说了，就用等等小结吧。

葛导多才多艺：写了不少歌词，诚朴无华、很接地气，有的已谱曲传唱；写了不少的诗、散文和记事，感悟抒怀、文笔动人，大部分见诸报刊；拍摄了大量的风景照和人物照，亮眼别致、妙不可言，期盼他举办影展、以飨众友。

在人群中识别葛导不难：中等身材，喜穿红色夹克衫；人较瘦，怕是繁忙累的；面偏黑，可能常处野外拍片紫外线晒的；小平头，烟瘾有点大。很随和，朋友很多，无论到何处常有人跟他打招呼。我见过有合作过的几位女演员怜惜地问候他："葛导，瘦了，真的瘦了！"他"嘿嘿"一声权当谢意。也有的说："葛导，黑了，真的黑了！少抽点烟！"我的神呀，这瓜女子怕是以为葛导的脸是叫烟熏黑的！

最让人感动的是他随我们剧场出访北美。由于经费有限，剧场只有领队和演出人员。后决定要拍摄一部慰问侨胞的电视纪录片，这就需要制作人员和拍摄器材。当时想，如果有一位全才能人，既会写作撰稿，又懂扛机摄像，且能自带设备该多好。不用想，葛导是唯一人选。拍纪录片，没有报酬，没有助手。随行的其他人都是外行，帮不上什么忙。说实在话，这活本应最少由两人或一个团队完成，而且还得花钱邀请。葛导重情重义，只因他和慰问团所有成员都是熟人、朋友。有的还参加过他导演的晚会。当然还有我这老哥的面子，他连一盆大烩菜都没要求。经和有关上级协调后，葛导单枪匹马随团出发。那一刻我都想抱着他转三圈，不过没敢抱，怕抱不动，也怕转三圈葛导没事我先晕了。

太不可思议了，太辛苦了，任何场面都先拍下来：排练、登机、到达、彩排，演出时一会儿台上、一会儿台下、一会儿演员、一会儿观众，别人休息了、玩去了，他却要看回放、整理资料、给设备充电、草拟解说词。他随身带的除了洗漱用品和两件换洗衣服，其余全是设备器材：摄像机、话筒、灯具、充电器、电池、连接线和两箱录像磁带等。葛导用他的超常能力证明了一个人就是一个精锐团队。后期制作更让我惊讶，他负责剪辑、选配音乐、撰稿与解说，全是他一个人在一处简易棚里完成。全片呈现了整个慰问过程，相当精彩。那真是欢歌笑语、情谊深长。遗憾的是没有葛导的形象，连他的名字都没有出现在片中。这样一位无私的电视艺术家值得我们倾心崇敬！

他还在奔忙着，依然是活力四射。我想说的是：葛导，你不能再瘦了。别总吃大烩菜，换点有营养的，长胖点。也不能再黑了，若出席重要活动可适当抹点增白的雪花膏，该扎势就扎，健康快乐就好。呔！

东风

东风乃米东风也,著名男高音歌唱家、歌剧表演艺术家,国家一级演员,文化部优秀专家,陕西省"三五"人才、中青年突出贡献专家,陕西省歌舞剧院有限公司副院长兼艺术总监、中国音乐家协会会员、陕西戏剧家协会副主席、省政协委员、西安音乐学院声乐客座教授,获得了中国文联"德艺双馨"艺术家、省文联"德艺双馨"艺术家等荣誉称号。

我们是老朋友。多年前两家住的楼房离得不太远。我比他年龄大很多,他的块头却比我大一倍,高大宽厚。有一次同去山东电视台录像,我和他同居一室。他洗完澡穿着裤头往床上一趴,我的神呀,那么大一块头把单人床全面覆盖。怪不得歌唱得如此震撼,人家是自带"音箱"的。一看他就当过兵,说话干脆直爽,办事痛快洒脱,不喜欢啰唆腻歪。早期他在兰州军区战斗歌舞团任演员,那时就很红火,相继在话剧《于无声处》《深夜静悄悄》,歌剧

《慈母情》《军营内外》等剧目中担任主角。米东风参加过大型音乐会和部队基层演出数百场，受到部队官兵和广大观众的普遍好评，被部队授予"战士歌手"称号。后来米东风调入陕西省歌舞剧院歌剧团。数十年来，米东风一直活跃在歌剧舞台上，先后主演过《芳草心》《秦俑畅想曲》《江姐》《货郎与小姐》《桃花渡》等多部风格迥异的歌剧。米东风在大型歌剧《张骞》中成功塑造了丝绸之路开拓者张骞的艺术形象，荣获第十届中国戏剧"梅花奖"、第三届"文华表演奖"、第三届中国戏剧节"优秀演员奖"；在全国第二届少数民族文艺汇演中荣获"优秀表演奖"，并应邀参加了第四届上海国际广播艺术节、杭州西湖节、兰州第四届中国艺术节、第三届中日韩国际戏剧节和全国十几个大城市的巡回演出。《张骞》被誉为"中国歌剧史上划时代的里程碑"。另外，东风还应邀赴重庆歌剧院，在重庆设为直辖市后的首部大型歌剧精品《巫山神女》中担任一号主角水旺，荣获第八届"文华表演奖"，并进京参加了"中国国际歌剧舞剧年"演出。专家们一致认为：从"张骞"到"水旺"，米东风成功地塑造了两个充满阳刚之美的艺术形象，完成了对两个不同文化背景所产生的强者的角色把握。这在我国歌剧界是少有且难得的艺术家。还有，在陕西省重点精品剧目、大型歌剧《司马迁》中，米东风担任主角司马迁，成功地塑造了一代史圣、中国知识分子杰出代表司马迁的伟大形象，深刻地表现出他的悲惨、屈辱、光辉的人生历程。这部剧作实现了陕西省继《张骞》之后的再度辉煌，荣获了第十二届上海"白玉兰"戏剧表演奖、中宣部第八届"五个一工程"奖、第十届"文华新剧目奖""文华表演奖"、第七届中国戏剧节"优秀表演奖"，并应邀参加了第二届中国上海国际艺术节、第二届"相约北京"国际艺术节。这就是米东风。

呀,这个大块头的家伙,取得的成就也是大块头的,着实令人佩服。说心里话,是东风让我这老哥对观看歌剧有了兴趣。歌剧是一门西方的舞台表演艺术,简单而言就是主要或完全以歌唱和音乐来交代和表达剧情的戏剧,是唱出来而不是说出来的戏剧。当然,要想真正地了解和感受歌剧的魅力,还必须多多地去观赏。哟,就在我还迷醉东风的业绩之时,根本想不到他主演的又一部陕西制造的原创歌剧《大汉苏武》诞生了。这是陕西省继《张骞》《司马迁》之后《大汉三部曲》的收官之作。《大汉苏武》的剧本创作为歌剧奠定了卓越的框架和视角,情节集中凝练,故事线条清晰,故事讲述生动而不刻板,写历史人物,又跳出了历史剧的拘谨,达到历史剧的庄重与传奇剧的曲折相统一。有评论说:《大汉苏武》不仅具备了歌剧的世界性语言,还符合中国观众的审美习惯,有着独特的艺术气质和冲击力。整台歌剧的音乐虽然沿袭了西方歌剧的高端大气,注重和声和调性,但中国的传统音乐元素显而易见,具有独特的中国式美感。特别是其中有一段秦腔武士的震撼出场,给人们留下了深刻的印象。歌剧运用了秦腔的元素,却不局限于单纯的秦腔表达,在表演手法上将民族生态和现代艺术形式巧妙融合,用现代舞混搭秦腔呈现双簧表演形式,极富新意,在西安演出更是让观众有一种天然的亲切感。

我关心的是东风。他血糖偏高。前不久见过一面,他手上还留有刚打过吊针的痕迹,身体能扛住吗?当我看到记者的报道才放心了:苏武最大的特点就是持节不改,然而这种精神在著名歌唱家米东风身上也得到了体现。早在《大汉苏武》开始排练的新闻发布会上，导演就曾透露，苏武就是为米东风量身打造的。从35岁的张骞到45岁的司马迁再到55岁的苏武，米东风在歌剧中完成了对"西汉三杰"的塑造。汉代的三位杰出历史人物，体现了三种不同的民族精神。米东风坦言，自己也坚守了三十年："这一次我下的功夫最大。时隔多年再去演歌剧男主角，压力很大。从接演开始，我就在努力练声，努力做到最好。虽然年龄大了，但对人物却理解得更深了。随着历练的增加，我相信我更能融进苏武的内心世界。"从演出效果看，米东风真是"宝刀未老"。他的咏叹调余音绕梁，让人沉醉。果不其然，《大汉苏武》荣获第十五届艺术节文华大奖，米东风获表演奖。

东风是大腕了，但他没有架子，很随和，一有空闲就到剧场演出，随叫随到。他还多次在全国及各省市的大型文艺晚会、音乐会担纲独唱、领唱，演出场次达数千场之多，多次荣获演唱表演类大奖。他为多部电影、电视剧配唱了主题歌，如《西部呐喊》《恩重如山》《火火的西安》《中国大船》《沸腾的大地》《星光灿烂》等深受大家喜爱。多年来，东风非常重视声乐艺术理论的研究，在专业期刊上发表了多篇论文。他经常应邀在国家和省的戏剧表演、声乐大赛中担任评委。在繁忙的业务活动闲暇，他还坚持对青年人才的培养，承担了剧院年轻演员的声乐理论、技巧教学工作。他受聘在西安音乐学院担任声乐专业客座教授，一大批省内外的青年声乐演员和声乐爱好者都受过他的指导。学生中有多人在国内外戏剧表演、声乐赛事中荣获专业大奖，如中国戏剧节金钟奖、全国青年歌手大奖赛美声专业奖和陕西省艺术节优秀演唱奖等。

东风以他精湛的歌剧表演功底、高超的声乐演唱技巧和扎实的业务理论基础,广受全国业内专家的赞誉和观众的一致好评,被誉为中国歌剧界不可多得的一位优秀的歌剧表演艺术家。米东风是陕西声乐专业公认的领军人物,为新时期文化艺术、中国歌剧艺术事业的繁荣发展,为宣传陕西、宣传西部做出了突出的贡献。

我为老朋友东风骄傲,曾经情不自禁地写了一首打油诗:"意国帕瓦罗蒂,中华歌剧老米,张骞出使西域,苏武精神传递,一代巨匠东风,秦人分享盛誉。"啊,伙计,功成名就,万事悠悠,多保重!

会长

会长这个职务很有意思,什么会?商会?同学会?都不是,这是一个民间社团,由于爱好相同而群聚一处的集合,经民政和文化部门审批而成立的,名曰"陕西省喜剧表演协会"。带"长"字就是领导、头头、一把手,其实也可以称为主席、主任、秘书长等,叫会长似乎低调一些,为会员们服务的角色而已。我说的这位会长是位女士,做人虽低调,做事却绝对高调,绵里透刚、坚韧不拔,一句话:不达目的决不罢休。

很多年以前我便知道这位会长,所谓知道是不熟识。但在舞台和电视上看过她表演的不少精彩节目,尤其是小品,如《留个纪念吧》《接站》《西餐与泡菜》《写生》等。她获奖无数,还在央视重大晚会上演出,受到国家领导人接见。当然,那时她还不是会长,是铁路企业的一名普通职工,年龄也小,长得乖巧,也很漂亮。但她表演人物到位,极富真情实感,给观众留下了非常深刻的印象。

就在演艺事业蒸蒸日上的时候,她却顺应时代大潮,毅然投身商海。她先后担任过培训、企划、市场营销总监;后来自己做老板,做过商务贸易和工程等多个项目。总之,她在每个领域都有不错的成绩。

很多年以后,我女儿生下一对龙凤胎。家里实在忙不过来,需请保姆。朋友介绍一处家政公司,去后才知老板正是现在的会长。我当时有些疑惑:怎么回事?原来那年渭河发大水,华县地区受灾,会长为灾民解难,创办了一家家政公司,培训、安置了200多名农村妇女就业。她的公司培训和派出的保姆素质及技能非常优秀,被冠以"金管家陕妹子"。我才明白干企业是奉献爱,才明白她有着更大的才能,智商和情商超过凡人。她不会满足一般演员仅仅生活在角色中,她有自己的梦想,她要逐渐安排自己去统领一个小世界。只是可惜了,这么优秀的演员,她要一直演下去肯定会大红大紫的!

她不耐寂寞,喜欢和知心好友谈天说地,谈项目更谈文化。于是,她盘下了一间茶社,给爱好喜剧的志士同人提供了极好的场所。大家在这里探讨幽默与滑稽的不同、讽刺和调侃的区分、创作和表演存在的问题、喜剧小品的动向及发展等。她来劲了,也参与交流、发表高见。她是老板,指挥伙计煮水沏茶,端来水果点心招待。到了饭口谈兴正浓,不忍散伙,空腹议事又怕跑题,万一扯出个小品表演吃东西是真吃还是假吃的问题还真不好解决。算了,先吃饭,她安排、她买单。茶社不赚钱,她乐意。她的喜剧表演的潜意识得到了复苏,她依稀感觉自己期望的事业春天就要到来。

大家对喜剧艺术的热爱，对艺术交流、表演舞台的渴望，对振兴陕西喜剧的期盼，促使她要为大家干点事。经过一番周折，由她发起的"陕西省喜剧表演协会"成立了。事前她征求过我的意见。我说："生意做得顺风顺水，何苦呢？"她说："试着圆一回梦。"我问："什么梦？"她笑道："现在先不说，等梦醒了告知。"我说："好吧，等着，需我出力当尽心！"其实，我清楚地知道要把一个民间文艺组织办好有多难，首先得有钱，开会、研讨、创作、排练、演出、颁奖等，无钱寸步难行。协会成立时，高朋满座，各路喜剧大腕悉数到齐。她被大家选为会长。在致辞的时候她显得信心满满，胸有成竹。

当了会长就得行动，就得干实事。她召开理事会商定的第一件事，就是筹办陕西省喜剧表演大赛。从北京邀请喜剧大腕做顾问，到陕北、陕南、关中各地建立分赛场，设计和印制各类宣传册和宣传单，诚邀各大媒体参与宣传造势，审看各地报名参赛的剧本，定夺比赛场地和舞美布置、制定比赛规则、组建评委会等，所有这些工作她事无巨细，精心安排。为了推动各地的喜剧艺术发展，保证节目质量，她还亲自带领专家奔赴各赛区指导。当然，这些工作要有序推进，首先是钱，每走一步都是钱。会长拿着招商书，找到企业界朋友拉赞助。这些多年的朋友都乐意帮她，有现金支持，但多数是产品，于是白酒、饮料、各种杂粮等一箱箱地堆满了办公室。我戏言："会长，咱在门口摆地摊卖吧。卖了就有钱了。"她笑道："好啊，你打头一炮。"我说："不会吆喝咋办？"她回我道："我教你：'哎，老少爷们走一走站一站，老姐妹们停一停看一看，酒和饮料很划算，还有杂粮来陪伴，有吃有喝配得全，保证叫你笑开颜.'嘻嘻……"话没说完她先笑了,我也笑了。但钱的问题没有根本解决,一直到整个活动圆满结束,方才知道几乎所有的款项均由她私人垫付。要知道这可是她多年经营企业的积累。这太让人疑惑了。她说圆梦实在费解,要说梦游还差不多。

我以为她会就此打住。但是,她没有,在总结了经验教训后,她又出发。如今三届喜剧表演大赛已经成功举办,影响力越来越大,引发了许多企业家的关注,加上领导的关爱和媒体的鼎力相助,一切都变得顺风顺水。这期间她跑遍了三秦大地,所到之处与当地艺术家和文化官员沟通情况,与作者商议剧本修改,鼓励导演和演员搞好二度创作。值得她欣慰的是赛事的发展,参赛演员近千人,参赛作品有300多个。作品形式多样、内容丰富。既反映时代精神,又寓教于乐,雅俗共赏。大赛挖掘、培养了一大批优秀的青年演员,编创了一批优秀作品,被媒体称为:开创了陕西喜剧艺术的新纪元,是陕西的"星光大道"。

在社会各界对大赛高度评价,在有关主管领导夸她成绩突出的时候,她以超常的毅力,忍着高血压的晕眩和腰椎间盘突出的疼痛,面带笑容地带领团队,把工作干得圆满。口袋里的降压药和宽宽的护腰带是她的护身符,但更多的是信念支撑着她。她太累了,往往是大赛圆满落幕的第二天她就住院了。哦,我有点明白了,她要圆的是喜剧梦,是想组建一支喜剧部队向艺术的高峰发起冲击!

一分耕耘,一分收获。多年的大赛历练,涌现了一批优秀演员。会长又开始考虑如何推动演员上台阶,提高陕西喜剧的影响力。恰逢第七届CCTV全国电视相声大赛启动,协会邀请央视导演组来陕考察、指导,走遍了西安所有的小剧场和相声社,介绍情况推举演员，使导演组全面认识陕派相声的进步。协会选拔、打磨了十多部优秀的相声作品参赛，多个作品获奖，演员获五佳演员奖，协会获优秀组织奖，推动了陕西省曲艺艺术的发展。

此后她调整了部署，把目标瞄准了央视春晚——这个万人瞩目的大舞台。她亲自带领协会的"乐欢天"团队直奔央视春晚剧组，创作的农民画题材的小品《卖画》，题材新颖、欢快感人、时代感强，得到了导演组的肯定。无数次的修改、演练、审查、彩排，使团队磨炼了意志，收获了宝贵的经验。这期间与国内喜剧界著名编剧、导演和演员的交流，为她的喜剧梦扩大了疆界，也为团队中的年轻编剧进入更高层次的创作打下了坚实的基础。最终小品《卖画》在2015年央视元宵晚会成功播出。如今，这已经成为典范，陕西故事、陕西元素、陕西团队、陕西原创通过央视平台向海内外精彩展现。随后两年的春晚，都有她的身影、她的作品。这说明会长用她的智慧和才华把梦做得越来越引人注目了。

随着成绩的取得，社会的认可，协会的责任更重了。省市文化部门每年安排有几十场的文化惠民演出任务。会长说，我们是代表政府做事，要把服务意识放在首位。她抽调精兵强将，打造了多台丰富精彩的喜剧综艺节目，有小品、舞蹈、歌曲、陕西快书、杂技、魔术等多种群众喜闻乐见的艺术形式，真正做到了百姓喜欢，气氛热烈，效果良好。几年下来，协会累计演出200多场，足迹遍布全省，观众逾30万人次。

最值得赞扬的是为宣传十大道德模范事迹，专项筹备和编创的情景剧《道德礼赞》。这需要采访、组织创作、调配演员排练，还要协调演出时间和场地，甚至有些重要情节还把模范请到现场观看，提出改进意见。这种新颖的宣传形式，生动形象地再现了道德模范的感人事迹，使广大观众在笑声里感受道德的力量，收获心灵的感动。该剧的演出效果非常精彩，电视台跟踪报道，报纸专版宣传。巡演30余场，都有她的辛劳付出。但会长却感谢参演的导演、编剧、演员们，感谢他们为协会做出的贡献。

为使协会更有活力，演员有更多的演出舞台，她注重喜剧艺术培训，扩大影响，更注重市场拓展，在易俗剧场推出少儿版《综艺喜剧——乐欢天》，是非常好的尝试，取得了经济效益和社会效益的双收获。

一个有梦想的女人，忙着、累着、动着、疼着，但始终想着、干着。会长在取得成绩的基础上，又要开始挥舞大手笔了：她将带领她的喜剧团队创作一部大型舞台话剧，项目报批，提纲已就，启动资金到位，一切工作正按艺术规律运作。我欲打听什么故事不得而知，属于保密，这很正常。圈里的小人虽不多但还有，免得他们风言风语搅了咱们的好梦。

会长活力四射，智勇双全，喜剧梦做得好苦。我想说的是：会长呀，悠着点，血压高时要吃药休息，腰腿疼时躺着莫动，你的人格魅力已经感染了一群人，年轻一代定会助你美梦成真！

刘忙

刘忙是我称呼他的专利,姓刘又特别忙,简称而已,别人都不知晓,纯属是我和他私下开玩笑。我们是多年的老朋友。说实话,叫他刘忙容易引起误会,外人以为他是流氓,其实他是百分百、实打实的正人君子,不抽烟、不喝酒、不赌博、不乱爱。有闲人说他:那你还活怂呢。老刘精瘦精瘦,身上没有肉,除了皮全是骨头,摸他脊背感觉里面装的是钢筋,挺硌人的。我暗地里也称他钢筋、排骨。他几乎天天练长跑,吃饭却特别少,我形容他:鸡吃多少你吃多少。他笑笑说:没病就好。

在那个特殊的年代,工厂停产,学校停课,都在"闹革命"。他和我分别参加了社会上组织的不同文艺宣传队。他在队里说快板、搞乐器,我在队里写节目、朗诵诗,互相知道,却很少见面。他在当时一个很有名气的工厂担任工会主席。大家都知道,那时候的工会有几句顺口溜:吹拉弹唱、打球照相,好人好事、喇叭播放,标语口号、糨糊上墙,慰问职工、送礼发粮。这些事让老刘从早一直忙到晚,几乎天天加班加点,遇见节日更是没有休假。纵然辛苦劳累,他却乐此不倦。他的工作多和职工打交道,办事公允不徇私情,有着极好的人缘。办板报刷标语迫他狂练书法。久而久之他俨然成了古城赫赫无名的书法家。说他赫赫是市人都见过他的大作,说他无名是书法没有题款,全然不知是谁写的字。哈哈,事情是这样的:他在的企业是搪瓷厂,经常接到省市有关部门和各单位的产品订货,比如搪瓷缸、罐、盆、杯,还有搪瓷牌等。当然了,还有大量的搪瓷痰盂。这些产品上都有相应的宣传词语。刘主席亲手操笔,曾为痰盂书写"吐痰入盂"字样。于是他的书法便随痰盂遍布城市大街小巷而家喻户晓。他调侃地拍着排骨胸脯说道:"咋样,咱这辉煌谁人能比?"这倒是实话,时至今日他书写的"吐痰入盂"的搪瓷牌匾过了多年还依然挂在博物馆的墙上。

刘主席成立了文艺队,把厂里吹拉弹唱的能手组织起来为职工表演。不仅管乐队水平很高,而且他的快板快书也深受欢迎,再加上魔术、独唱和一些外请节目,表演相当精彩。文艺队在厂外都有了广泛的知名度,不时受邀参加重要活动。我也参与过他的文艺队表演,他的才干,他的平易近人,他的诚恳和热情让我和他成了知心朋友。

刘主席平时很严肃,不苟言笑,有话直说,从不虚情假意,温顺的脸上掩藏着他性格的倔强,凡事喜欢打破砂锅问到底。有一次我说:"刘主席,刘忙,钢筋,给你讲个笑话吧!"他问:"为什么?"从来没有人这么问过,我张着嘴不知说啥,好久才缓过劲笑答:"不为什么,就是好玩。你听着:有个老太太在自动取款机取钱,刚好我也站在旁边……""为什么?""我也取钱,那个老太太让我站远一点。""为什么?""可能怕我看她密码。半天机器没有反应,老太太有点发慌。""为什么?""这还用问,钱取不出来能不紧张。这时候老太太冲着我发起脾气:'都是怪你站在这儿看的!'我赶紧说:'老太太,我站在这儿是想看一下,你把身份证塞进机子里头到底能出来多少钱?!'"这时候他还问:"为什么?"哎呀,我的神呀,不知道他是真木讷,还是逗我玩!

  钢筋就是钢筋,是经过烈火烧炼的。他家庭出身不好,那些年受过批斗。这没办法,运动嘛就都得动一动。他没事,干好本职工作,尽心尽力完成一切该完成的任务。他人好心好,有熟悉的人找他借乐器,他不拿公家的借,把自己私人的借出,好多年不见还,再问时人已逝。有才华的朋友意外失业,他请示商议临时聘用,帮助朋友渡过难关。后来这朋友不负他望成了著名作家。有一位认识的享有名声的快板演员自我膨胀,漠视法律入了监狱。他去探视,正言规劝好好改造,并协助春节期间外请演员在狱中办文艺晚会,既慰问了公安干警,又教育开导了犯人。入狱的快板演员也因此而减刑。这就是刘主席,他的人格魅力使他获得了众友的尊重和爱戴。

  他很低调,但并不妨碍他在陕西快板快书方面做出了突出的成绩。时代发展了,搪瓷厂关闭了,刘主席也退休了,他当选为曲艺家协会的主席了。哦,不过多了一个"副"字。这个副职他干了很多年,早先他出版过快板《油灯碗》的录音带,创作表演的陕西对口快板《卖脸盆》曾在全国获奖。他参与创作表演的《逛夜市》获得中国曲艺节牡丹奖,时至今日仍是后辈学习表演的范本。他是

《中国曲艺志》的陕西编委,是陕西快板作为非物质文化遗产的代表性传承人。他招收了一些徒弟和学生,和同行们创立了研究会,每年召开创作会和大赛展演,并成立沙龙进行技艺研讨,而且在曲协的指导下开展了"陕西快板讲陕西故事"活动。他又忙起来了,这个姓刘的忙得让我私下又得叫他刘忙了。我心想:退休了,就该享天伦之乐,他却为这带"副"的主席忙得心力交瘁。唉,这不拿工资的官还当上瘾了!

他真是多才多艺,吹拉板唱样样行。这是小时候在他父亲的自乐班里熏陶出来的,艺不精却啥都会。小号不光能吹响,而且能成调,人瘦气儿挺足,要独奏欠点儿,合奏没问题。拉是拉二胡和板胡,虽不专业却像模像样。记得多年前,陕西职工曲艺队在首都北京参加全国比赛,有一个节目是表演唱《打扑克》,众人中只有他和另一位能伴奏。他拉板胡是主奏,另一位拉二胡能拉响是次席。谁知上台开始不久,次席本有充数之嫌,刚拉了两下二胡的弦断了。那位怕是用了拉锯之力显摆造成的。骤然我们的刘忙成了唯一伴奏者,还好,没有受那位拉锯断弦的影响,演出完毕掌声雷动。事后他悄悄得意:看见没有,咱这功夫才叫水平!板就不说了,那是基本功,打出的花点就能满堂彩。他不仅打板,而且制作竹板,送给很多朋友,分文不收。最有意义的是他将一副四页瓦竹板赠送给了一位加拿大朋友。这位外国友人是研究中国曲艺的专家,能够专程拜访可见刘副主席的影响和知名度。唱是唱歌和唱戏。他的嗓子很特别,从来未见哑过,很皮实耐用。嗓音更令人惊讶,高亢尖锐,穿透力极强,这动静不知是从身体的什么部位挤兑出来的。他拿手的是唱秦腔,韵味十足,有板有眼。要是他早年专攻戏曲,怕是已经红透三秦了。不过他的形象偏瘦,下巴偏尖,古装戏里出演主角的可能性不大,我看扮个军师或者算命先生倒是挺合适的!

他依然在忙着,忙开会,忙创作,忙讲学,忙演出。无论去何处他绝不误时误事,以前是骑自行车,现在年岁大了换了交通工具,坐公交或地铁。天气好时耍个二杆子,他骑上电动摩托过街穿巷,在拥堵的车流中时停时行。唉,真不知道他什么时候能够闲下来。闲下来我就不能再叫他刘忙了,我会将他那前排骨后钢筋的身躯拥抱于怀,然后轻轻松松、亲亲热热地叫他一声:闲人,刘闲人,多保重!

于头

　　于头不是鱼头，也不是芋头，他姓于，是个头头。头头是一切官的统称。什么官？小小芝麻官，在古代都上不了"品"位，现代他这种官多如牛毛，俗语说：三分钱一簸箕。管不了多少人，也干不出多大事，不值钱，可官不完全是拿钱论价的。这于头是专业相声演员，拜名师为徒，曾任说唱团的书记，后来市里成立演艺集团被上调，成了集团营销部部长、党委委员和纪检委员。于头虽是小官倒也敬业，每天清晨屁颠屁颠上班，多次策划和参与为环卫工人、交通警察、消防战士、残疾人士、出租车司机和养老院的老人等慰问演出活动。他还在机构人员不齐的情况下，完成了安全生产宣传、创建文明宣传和拒绝雾霾拥抱蓝天等三百多场演出任务，观众达数万人，为集团创造利润500多万元，连续多年被评为先进个人。就是这个于头，在西安市职业技能带头人活动中，利用自己的艺术造诣和影响力，与十名青少年签订了带教协议,业余时间对年轻人在艺术上进行传帮带。经过一年的培训,成效显著,十名艺术人才都走上了舞台,其中一名14岁的学员,在陕西少儿曲艺大赛中获得一等奖,一名青年演员已成为陕西戏剧广播电台的主持人,其他学员也已成为陕西曲艺舞台上的生力军。于头优秀的表现也受到了市总工会、市劳动竞赛委员会办公室的嘉奖。他被评为西安市劳动模范,荣获"五一劳动奖章"。

说实话,我小看了这个于头。早年间我认识他的时候,他才说相声,还是个初出茅庐的小青年。多年来全国各地的上千场演出以及他的虚心求教,让他在相声创作和表演上取得了长足的进步:他和搭档的原创相声《世上不止妈妈好》获"全国名人名家新作邀请赛"最高奖优秀作品繁荣奖;相声《想方设法》获陕西省曲艺新作品大赛一等奖;相声《我爱信天游》获第三届CCTV全国相声大赛专业组三等奖、第五届中国曲艺牡丹奖入围奖;相声《南腔北调》获中国曲艺最高奖、全国第八届"牡丹奖",为陕西曲艺争得了许多荣誉。

特别有意思的是于头唱歌忒棒。众人在央视相声大赛上见过,直播现场主持人让他和名歌手进行陕北民歌"信天游"PK,对手被唱服了。我估计那人肯定暗想:幸亏这位说相声,他要唱歌我怕就没饭吃了。哈哈,这是闲话。后来于头又应央视邀请,赴京录制元旦小品晚会。他参与表演新创作的小品《赛歌招婿》。他在央视演播厅演唱陕北民歌,表演轻松活泼,诙谐逗趣,乐得主持人直竖大拇指。我就奇怪,据我所知于头并未经过专业的声乐训练,他怎么有如此能力,难道悄悄约上少男少女歌厅里练过?可能。他会唱好多歌。听朋友讲，他唱得最拿手的是情歌。谁知道呢，也许是对他的调侃吧。

　　于头不仅相声说得好，小品表演也相当精彩。他在小品《秀才应聘》中扮演穷秀才，穿戴古装衣帽一出场就是碰头彩，把无钱无势的古代小知识分子演得不卑不亢恰到好处。朋友拿他开逗，说他装扮像"西门庆"，这怕和他长得细皮白面有关，哈哈。在荒诞小品《铡美案》中扮演陈世美，他倒是费尽心力，把忘恩负义的角色演得入木三分；在方言喜剧《杠上开花》中，他塑造了一位沉溺赌博而走向犯罪的科长，惟妙惟肖而又可笑可悲；在小品《离婚前奏曲》中出演糊里糊涂的锅炉工被误当办事员判案，让人悲喜不得，笑点多多。我又疑惑了，于头本人长得很是得体，不高不矮不胖不瘦，是标准男人身材，脸型四方稍带瓜子，五官配置还算适宜，说不上美男却也帅气。唯一遗憾的是头发，聪明绝"顶"，但他并不掩饰，常在表演中自嘲逗乐。可为什么扮演的角色不是反派就是迂腐憨痴之人呢？有朋友解释："不是形象的原因，是一般人演出来不生动。"呀，这么说可见他演技非凡。

　　话说回来，于头的本行毕竟是说相声，他除了拜名师深造，自己也收了几位徒弟，教他们做人，教他们技艺。几位弟子除了登台说学逗唱外，还开发了其他业务，在电台、电视台做主持人。我还见过他们主持婚礼。这一点不知是不是于师父教的，程序和用词儿都差不多，好像用的是一个脚本。有一点徒弟很难学会，于头在相声表演中能逗能捧，而且能为外来名角量活，那么自然协调，那么随机应变，没有一定的功力肯定做不到。我看过他为台湾一位女相声名家捧哏，完全是临时突然决定，没有时间对活却像是老搭档，演出太精彩了，连台湾艺人都夸赞他是"狗撵鸭子呱呱叫"。

于头正当壮年，精力充沛。他已连续两届被选为省曲协副主席，加上他在集团的本职工作，有时不得不在开车路上用手机处理业务。他把车停在路边绝不违章，事毕再走。还有，他能喝酒，但酒后绝不开车。说起喝酒也是朋友聚会使然，他酒风极好，猜拳行令行家里手，该喝即喝从不赖账。他酒量不小且能品出真假优劣。从没见过他酒后醉疯，朋友之间开得起玩笑，很有些绅士风度。他极会说话，常常讲点段子或用幽默插科打诨惹出一片笑声。他既有男人缘更有女人缘，这怕是他酒局多多的缘由吧。哈哈，好像说冒头了，不过，大致如此。

他是个孝子，隔三差五利用休假日带父母老人到山清水秀的地方养生休闲。他也乐得放松，借以吐故纳新调理心情。他不论什么事都拿得起放得下，比较低调，能认准自己的位置，任何场合都不会冒充大尾巴鹰。有人叫他老于头，加个老字不是人老，是老到，大事不糊涂，小事装糊涂，说难听是狡猾，说好听是智慧。什么都真糊涂，那是傻子。还是古人说得好：难得糊涂！唉，糊涂真难呀！

老于头爱学习。我和他曾经一起参加过不少演出活动：随省慰问团赴老山为指战员表演，他主动要求去最前沿"猫耳洞"说相声，学习战士们的精神；随说唱团巡演新疆，与老艺人朝夕相处切磋技艺；赴美国、加拿大慰问侨胞，热情征求观众对相声表演的意见和建议等。我看过记者对他进行的电视采访。他谈到的相声讽刺功能极有建树，把无价值的撕破了给人看才是喜剧艺术的精髓。我相信老于头在相声理论指导下不断实践，一定会有更大的辉煌。

但是，现在老于头面临一种选择，仕途和艺道的纠结，是把相声继续说下去，还是去做更大的官？作为忘年交的朋友，我想说：老于头，官也当，相声也说，以相声为主。官到点得退，相声不用，哪怕你百岁走不动了，只要找两位迷妹把你扶上台，立马来神，你张嘴就来，照说不误。当然了，不说贯口和绕口令，怕你气儿顶不上来，哈哈！

晕姐

晕姐是她的外号,是她最亲密的女友起的。虽然很多熟识的人不知道这是她的爱称,可仔细品味以后便觉得这个名字太符合她的特点了。晕姐的关键是晕,坐车晕车,坐船晕船,坐飞机就更晕了,从登机开始到飞机降落她就没有醒过。出舱下地仍需别人搀扶,因为她还在晕着。说她晕还有一个原因,那就是丢东西。不是故意丢,故意丢成傻子了。她是犯晕,经常想不起来把东西何时放在了何处,喝水丢杯子,都记不清丢了多少个,开车丢车钥匙,天冷丢围巾。就连手机也是走到哪儿放到哪儿,事后去找,能想起来的地方再走一遍,顺便也看看没去过的地方,嘴上还喊着:"谁见我手机了?我的手机不见了!"不到半小时,几乎周围所有人都知道晕姐把手机丢了。好朋友给她的手机打个电话,铃响了,手机在她坐过的沙发缝隙里鸣叫。

这就是晕姐,不了解的还以为她是一位丢

三落四的柔弱女子。其实不然,她是戏曲专业团体里专工刀马旦的演员。刀马旦很多人不知道是弄啥的。据我所知,就是舞刀耍枪、专门扮演巾帼英雄的行当,唱念做打要求极高。特别是打,各种武功技艺五花八门,一般女演员不从小练功,妄图半路入行出名,那绝对是痴心妄想。晕姐得天独厚,出生在梨园世家,经家庭熏陶和父亲的严格训教,加上她聪慧悟性极高,很快刀马旦所应具备的一切本领均在她的掌控之中。不到20岁她首次参加戏曲大赛便荣获优秀表演奖。在专业团体她崭露头角,先后在《女杀四门》《挡马》《战金山》《白蛇传》《杨门女将》《穆柯寨》等剧目饰演主要角色。她在一些人物的塑造中展示了"枪搅枪""枪搅刀""靠旗搅飞刀""靠旗搅飞枪"等高难度武艺绝活,使巾帼英雄的艺术形象血肉丰满、英姿飒爽、豪气冲天、栩栩如生。这些卓著的成绩让她在省市及西北地区大赛中多次获得表演一等奖,荣获"陕西电视戏曲百佳演员"称号,并被称誉为"西北第一刀马旦"。

可能跟刀马旦有点关系,成天舞枪弄棒使得晕姐身上有一种男子汉的霸气,大大咧咧,大声说话,直爽痛快,乐于助人,胆量贼大,敢于冒险。将五十多斤的蟒蛇绕在脖子上,舞动表演,既惊险又刺激,她不晕蛇晕了。她是射手座,还是个急脾气,办什么事都是风风火火的。她很早就会骑小伙子们开的大摩托,头盔一戴那速度根本分不出男女。还有一次,据说她刚有汽车驾照,就从车行租车接送朋友。走着走着天渐渐黑了而且起雾,她跟朋友说,眼睛不好看不清路。朋友说,你好像没有开车灯,果然灯开路明。为这事两人笑了一路。可见晕姐晕性难改,险中不晕,急中却常晕。

有意思的是,晕姐除了有男孩子的粗犷,还有另外一面,那就是女孩子的柔美,这跟她喜爱舞蹈表演有关。早年她为了生计,自编自演独舞《山妹子》,深受大江南北和外国观众的欢迎,并被推荐参加了全省大型晚会活动。我曾有幸观看了她表演的另一台独舞《木兰从军》。说实话,这个舞的难度极大,除了技巧以外,要把一个女子替父从军成为壮士的风采通过表情和肢体语汇展现,如果不是训练有素的专业舞蹈演员,那么是无望的。可是晕姐做到了。此外,她还受邀在大型舞剧《大唐千秋节》中担任重要角色,舞姿袅娜、婆娑动情、惊艳四座、备受关注。

有一个奇怪的现象,晕姐在舞台上不晕。刀马旦的动作中有大量的翻转腾挪,展现人物武功,舞蹈演出中也靠体旋蹦跳,表达角色情绪,一般人早就晕了,可这些人坐车、船、飞机统统不晕。好玩吧,晕姐不同于一般人,她是该晕时不晕,不该晕时乱晕。用时髦的话说:这真是晕得叽叽哒。另外,晕姐开车不晕坐车晕。我想,她以后出远门,就可以先学会开船、开飞机,她这晕的习惯肯定就没了。

为了养家糊口,晕姐的工资不够用,想着多挣点钱就抽空到成都去学习川剧"变脸"。她的艺术悟性和感觉,加上厚实的戏曲功底,很短的时间在名师指导下便掌握了这门技艺。晕姐的"变脸"非同寻常,其中融入了刀马旦的武功技艺,还有绝活儿"吐火",再加上戏曲身段的配合,不了解的观众肯定以为这是专门从四川请来的"变脸"大师。

晕姐能吃苦。她曾随父带队南下进剧场演出。她是演员还兼导演,负责排练舞蹈和训练模特儿走T形台。她开过排档式小饭店,除了外请厨师,其他事项几乎她一人全揽。钱没挣下多少,倒是热情招呼食客差点把嗓子喊哑，没有耽误晚上的演出就算幸运的了。为拓宽戏路，她还参演了许多小品中的角色，这让她展现了扮演现代生活人物的能力，其中有戏曲小品、话剧小品、魔术小品、舞蹈小品和荒诞小品等，真是各色各种、五彩缤纷，如《新墙头记》《绝不白吃》《棒槌导演》《胖姐靓弟》《秀才应聘》《搬家》《发工资之后》《下棋》《越活越年轻》《十二能》等，这些小品在央视、省、市电视台播出以及惠民演出之后均受到热烈欢迎。晕姐分担的古今男女各类角色扮相帅靓、性格突出、语言特色、情感分明。你根本想不到一个女演员能有这么强的功力，她可以把不同时代、不同情景中的人物表演得如此活灵活现，包括令人惊叹的女扮男装，不仔细看还真以为是个男孩子。

可能有人会说这是吹牛。且慢，如果把晕姐的所有演出录像剪辑成一部纪录片，你就会目瞪口呆，一定会感概："这样的演员要是稍加推波助澜早就火遍中华了！"嗨，火不火得看时运，也怪晕姐在艺术历程的设计上有些偏宽，相对集中重点就好了。这怕是晕姐的又一次犯晕吧！

不过，晕姐也算火了。别的不说，光她出访表演的国家就有好几个：芬兰、法国、美国、加拿大、西班牙等，有的还演过两次，特别是应邀参加文化部和中国曲协举办的《曲苑杂坛》走进加拿大多伦多的演出，她的"武戏绝活展示"把老外看得欣喜若狂、如醉如痴、掌声阵阵、鲜花束束。这时候晕姐真的有点晕。她不是得意而是兴奋犯晕，是演累了，饿得快晕了。

她还有一种本领就是模仿，特别是语言，她能熟练地用南北各地的方言说话，东北、广东、四川、江苏、河南等，可惜没有这样的机会让她发挥，否则将大放光彩。

晕姐的性格中潜藏着争胜好强的特质，锻炼身体打羽毛球常常过量，为的是无论如何要赢一回，哪怕头晕脑胀也在所不惜，结果真晕了。当然，也有犯晕的时候，玩起跟赌输赢有关的游戏就来劲儿。偶尔休闲竟废寝忘食通宵达旦，结束时晕得连东南西北都分不清了。不后悔，下次有机会接着往晕里玩。不过，随着年龄的增大，在这方面她也慢慢消停了。

晕姐生活中有几大爱好：一是爱干净，所到之处哪怕已经清洁过她也必须自己再清理一遍，桌椅地上不容忍一点点灰尘，眼睛看不清就趴在地上擦洗。吃饭更讲究，碗筷洗了一回又一回，还不准别人说她"洁癖"。二是爱孩子，她自己的孩子不用说，爱大了，是中央音乐学院的研究生。一起共事的演员的小孩，三岁左右的有几个。她让这些小家伙统统叫她师傅，几天不见还想，见了又是抱又是亲还带咬的。你看这爱有多深呀。三是爱自拍，每次姿势都差不多，头一低，眼一瞪，微笑，乐此不疲。这是小女生的情趣，说明童心犹在。

晕着晕着晕姐也悄悄地步近中年了。我期盼晕姐能将自己的十八般武艺和所有的本事传授给徒弟及学生，不一定要苛求他们超过自己，起码也要差不多，那将是艺术界的一大幸事。当然了，晕姐的晕就不要传授了，让所有人都能记住只有唯一的一位本事大大的晕姐！

老弓

　　大轿车拉着一群演员去演出,有说有笑好不热闹。车厢里不时传出"老公""老公"的叫声,司机听见后嘟囔:"谁家女人这么骚情!"片刻另一女人又冲着刚才应声的男人叫"老公"。司机看了一眼后视镜,对我低声说:"这男的带两个老婆?"我解释:"不是的!"司机:"哦,一个是二奶!"谁知这时候有男人也冲着那位叫"老公",司机吐着舌头,自语:"我的神呀,还是同性恋!"我笑了:"什么乱七八糟的,不要胡猜,这人姓弓,弓箭的弓,叫老弓,不是公母的公。"司机哈哈大笑:"哎呀,我就说嘛,哪儿还有这么开放的!"

　　老弓出身杂技世家。弟兄们全是干这行的,数老弓能耐大,几乎杂技的所有项目都能来。据说,早年在空中飞行器的下方用绳索吊一单杠,老弓在没有任何保护的情况下,着彩衣在其上翻飞滚动,随风在古城上空惊险表演了一番。看热闹的人提心吊胆,无不拍手称奇。我以为这是吹牛，可打听当时在场的友人均说这是真的。呀，这是个二杆子嘛，玩命之徒。但仔细一想，没有金刚钻怎敢揽这瓷器活？俗话说，艺高人胆大，老弓真是神了！

他的口技也是一绝，上过央视表演，模仿火车行进全程，出发开动、由慢到快、穿越山洞、到站停靠，真可谓以假乱真，惟妙惟肖。老弓说，他练习这活儿吹坏过几个话筒，牙齿也整松动了。他学各种鸟叫、鸟谈恋爱、公鸡打鸣、母鸡难产、杀猪赶驴以及婴儿啼哭等，所有这些都能把观众乐得前仰后合。只是后来牙齿脱落，请大夫装配挂件，才缩减了项目。他告诉我，假牙漏风，出来的声音有时不准确，学杀猪像杀驴了。最担心的是演出时激动，万一控制不好，把假牙吐到观众席中，那就太掉价，太伤自尊了。

他还能表演魔术，道具是自己设计制作。他大胆创新，把魔术和戏剧融合成为小品，命名为《发工资》，表现丈夫回家后发生的一系列可笑的事情。小品完全没有语言，情节的发展全由魔术变化推进，非常别致新颖。这个节目在央视播出受到赞赏。

他天不怕地不怕，什么活儿都敢接，常说："没问题，这事交给我，你放心。"天呀，啥事还不知道，就说这话，实在让人感觉他又吹牛。我知道，吹牛是他的毛病。也怪，他先吹牛，然后想办法，安排计划，执行实施，终能完成。有一次接央视任务，人偶共同表演，我找别人被拒绝，说是时间太紧，难度太大，加上没有多少报酬。老弓接了，还是说没问题。这以后半个多月没了音信，打电话不通，问家人不知，我猜是躲了，正欲报央视作罢，突然手机响了，老弓约我去看节目。在排练场，老弓着小丑服装，踩着高跷和一具人执木偶在音乐声中表演杂技加魔术，样式新颖，惹人注目。太棒了！央视导演非常开心，播出后好评如潮。实际上这是他半个多月没回家，断绝与外界一切联系，躲在借用的排练场和一位木偶剧团的演员朋友日夜兼程潜心创排出来的。你不得不夸他：吹牛不知羞，干啥不内疚，老弓有高招，万事能创优！

那些年，我和他经常一起演出，我们是老朋友了。他对外人热情大方，乐于助人，不论熟悉不熟悉；对家人霸道为王，说话为旨，不管有理无理。有一次在外地演出返回入夜，老弓盛情邀请我们去他府吃家乡武功的臊子面。进门后他让夫人先泡茶招待。谁知夫人不知他会提前回来，连开水都没准备。老弓躁了，骂了一句："你干啥吃的？"众人没来得及阻拦，他已顺手抄起一个茶杯砸去。没砸中夫人，却把一面穿衣镜砸碎。此刻大家忙起身相劝，已经没有了进门时的兴致，场面十分尴尬。一个个只能边说边溜了。不知是谁出门后来了一句话引起哄笑：唉，可惜了，让人嘴馋的臊子面叫一个茶杯砸的吃不成咧！

老弓痴迷杂技艺术，也醉心想把儿子培养成杂技高手。可小弓并不喜爱这一行。那不行，儿子必须听老子的。老弓逼迫小弓进练功场。他会的儿子必须会，他不会但能想到的儿子也得练会。此时儿子可谓是：痛并练习着。说到痛，不光指不愿练而被迫练的心痛，更直接的是练功懈怠偷懒时老弓拳头打的身痛。有人问：真打呀？可不真打，只打屁股。老弓知道那里肉厚打不坏。他是恨铁不成钢！哎，你别说还成了，儿子后来还真成了角儿。小弓的单人杂耍表演深受观众欢迎。父子俩儿合演的节目在各地大放异彩，并随央视相关栏目组织的艺术团全国巡演；在电视台黄金时间播出的系列小品《木瓜打擂》让大江南北的百姓刮目相看，纷纷打听这来自黄土高坡的"木瓜"何许人也。出名了,红火了,所有这一切让老弓备感欣慰,因为在儿子的荣誉里浇灌有他太多的心血和汗水。但是,小弓却对此没有太大的激动,只是在别人夸赞的时候傻乎乎地"嘿嘿"一笑,看不出他心中到底有多大的喜悦。有人说:"这娃艺名起坏了,木瓜木瓜,瓜着呢!"其实小弓不瓜,他长大成熟了,对未来有自己的打算。杂技让他有了知名度,让他挣钱买了车,买了房,可他仍然不热爱这个职业。他喜欢画漫画,喜欢玩牌,喜欢炒股票,喜欢做名人字画的生意。这些事小弓自然是瞒着老弓做的,等老弓知道其有这些"劣迹"的时候欲加管教已经来不及了。我问老弓:"咋来不及?"老弓说:"上瘾了,没救了。"我开玩笑:"你不是有暴力家法吗?"老弓无奈地说:"唉,不行咧,打不动咧,再说现在我也打不过他咧。"

老弓从小在专业团体练习杂技,没有上过多少学,曾因为欠缺文化的滋润闹过一些笑话。有一次我们在外演出返回途中,他买了两张封面有三点女郎的外国碟片。谁知出了车祸,我和他都受伤且昏迷两天。车上的东西经警察清理一一送还。我们一起住进了医院。我伤轻,两天后就可下地走动。老弓伤重,我串门去看他,吓我一跳,全身从头到脚都用纱布包严,只有眼睛和嘴外露。他说,他是从车前方窜出去的。吹牛,车窗玻璃好好的。接着一句话把我逗笑了:"警察把我买的碟送回来没有?"我说:"那碟可能内容不行被没收,送回来怕没希望咧!"嗨,人都成这样了还胡思乱想呢!还有一次,我去他家拜访他。庭堂放有一只包裹好的纸箱,是准备寄给朋友的东西。上有老弓写的收件人地址:"安灰省马安山市……"我笑着说,这东西可能送不到。老弓问:"咋了?地址没有错嘛？"我说地址没错，是字写错了。他哈哈一笑，说字是冒猜的，让我帮他重新写。于是我边写边和老弓聊：汉字同音容易搞错，安徽成安灰，马鞍山成马安山，就像你老弓，弓箭之弓，别人还以为是公母的公呢！

　　老弓开始练字了。他的朋友中有不少书法家。他虚心请教，勤学苦练，自制长杆蘸水毛笔，每天早晨在城墙公园石板路上书写。终于有一天，老弓赠我一幅书法作品，卷轴横幅，装裱专业，打开一看像模像样，完全扎的是大师的范儿。虽然字谈不上有多好，但精神可嘉。于是我恭维说："不错，真的不错。"老弓有点飘飘然："不是吹牛，好多人要我的字呢！"接着他说了实话："就这几个破字让老子练了几个月！"

　　老弓也慢慢老了，杂技让他辉煌，也让他明伤暗伤全身。他退休了，应该好好调理，享受生活。听说他还在练鞭技，把几尺长、瓶口粗的鞭子在空中抡来舞去的。我心中一惊，暗想：咋？不要命咧？行了吧，老弓，悠着点，这老了老了咋还是个二杆子！

黄总

老黄,曾是某系统开办的大酒店的老总,于是大家尊为黄总。我是在那个大酒店的餐桌上和他相识的。他中等身材,黑胖黑胖,特别是那个肚子,人没到它先进来了,跟怀孕了一样。黄总自我介绍是五猛男人,猛吃、猛喝、猛喘气、猛打呼噜、猛放屁。这我信,紧接着他说是蒙古人,铁木真二十五世的后裔,元朝时他老先人是皇上。这就说得有点玄了,让人觉得他是在吹牛。可随后拿出来的家谱资料却证明这是真的。俗话说,人不可貌相,谁能想到这位黑胖子身上竟流淌着皇族的血!

皇族是贵族,他却贵而不横。黄总心地善良,自己虽不富裕,但常常扶贫济弱,别人的难事当亲人的事办,把收养的几名孤儿当亲儿女对待。

黄总很活跃,特别擅长讲笑话。他的大肚子和别人不一样,人家里面主要是肠子,他里面全是段子。饭桌上只要有他在,那场面气氛是相当热烈的。段子说了一段又一段，几乎不断弦。掌声笑声响了一阵又一阵，几乎不停点。宴席散后，你只记住了黄总表演的内容，吃的啥、喝的啥你全忘了。黄总的段子五花八门，啥内容都有，涉猎社会生活的方方面面，褒奖、批评、针砭、调侃等，无所不能。当然在熟人面前也有黄段子，这很正常，谁叫他姓黄呢。虽说不雅，可人吃五谷杂粮，经过肠胃消化，精华供吸收，糟粕弃除掉，只要不中邪气，身体健康乐陶陶。

不光会讲段子，黄总还多才多艺，年轻时在宣传队就吹笛子、吹黑管，后来发胖了，吹不动了，就写、就说、就演。他胆子特别大，表现欲极强，任何场合都不怯场。有一次，单位慰问部队演出，他参与表演一个自己创作的小品。他哥哥是副司令，也来观看。这一回不一样了，黄总有些心虚，怕演不好丢人，于是借酒壮胆。演出前他先喝了半瓶白酒，一般人就差不多了，能不忘词、不胡说，安安全全从舞台上走下来便万事大吉。当时我也在场，担心地问他："黄总，行吗？现在不糊涂吧？"他说："没事，你放心，喝了酒我在台上才来劲儿呢！"我的爷呀，他要来劲儿？！我赶忙叮咛同台演员和主持人，万一有啥情况随机处理。这时候，该黄总出场了。临上台他又拿起酒瓶"咕咚、咕咚"来了两口，吓得所有演员都替他捏了一把汗。在台上，他真的来劲儿了，排练时没有的动作他加上了，而且非常夸张。台词意思是对的，但基本上不按原来说，还即兴增添了一些包袱笑料。幸亏配合的演员机灵，虽然头上渗出冷汗，咬牙忍笑，却巧妙圆场，总算没出大的漏洞。演员看见黄总有点站不稳，便离他很近，以免他酒劲儿大发了倒在台上。没料想，观众非常热情，笑声不断，掌声经久不息。我想，这是因为他哥的部队，好多人熟悉他，看着亲切。再说，酒精彻底麻醉了紧张的神经，他演得非常放松，完全没有表演的痕迹。下场后我问他："黄总，感觉怎样？"我的本意是问他头晕否？他却说："咋这么快就完了，还没演过瘾哩！"随着他又得意地发出感叹："哎呀，咱这个小品，不是吹的，就是没人推荐，要不早上中央台春节晚会了！"

同样的笑话段子，同样的小品，不同的人表演，效果大不相同。黄总有一张喜剧脸，尤其坏笑的时候，眼睛眯成一条缝，蒜头鼻子微微翘起，太可乐了。他说话很有意思，陕西方言和河南方言两搅，有时夹杂一些醋熘普通话，成三合一了。在模仿陕北说书盲艺人时，他眼皮儿一翻，虚拟手拨三弦，唱出他改编的段子，能笑得你人仰马翻。

他是酒店老总，后升迁为全系统工会主席，日常工作非常繁杂。在此期间，黄总出版了一本书，《幽默人生》。这书名起得好，对他来说恰如其分。里面有他创作的散文和曲艺作品，有他编撰、改编和收集的民谣，还有别人写他的一些文章。特别是民谣部分，看得出他是有心人，下了很大的工夫。黄总记忆力超强，那么多段子张嘴就来，通畅流利，从不拌蒜。别人没法比，想比也比不过，因为他有一个天生的大脑袋。大脑袋和他能装段子的大肚子，加上他那张巧嘴，这是成就黄总名声在外的基本保证。

黄总是官，有很多官职，那是本职工作方面的。但他还想在业余爱好方面再当一些官，如曲协的官，民研会的官。我心想，文艺协会的官有啥意思？又费时间又费精力，只有虚名没有实权，而且不发工资和奖金，当它何用？可黄总不是这样，他期盼在协会为大家办点实事。他自己在协会没钱没关系,还要为协会举办活动去找钱。曲协的一次创作研讨会就在他的酒店召开,吃住全包,分文不取。至于虚名,黄总也是要的。他认为脸面光彩不重要,重要的是他在文艺方面的辛勤劳动和取得的成绩得到了大家的认可。

哦,是这样,现在我明白了,黄总为啥在自己事情已经很多的情况下还要找事做?原因很简单,他是个大胖子,身上储藏了太多的脂肪,脂肪就是热量,不散发出来他不舒服,无偿地发挥自己的热能,他全身心都痛快!我相信,不久的将来他一定会整出振奋人心的大动静的!

老任

老任不老，六十来岁，心更不老，每天见到他都是朝气蓬勃的，性格使然。不了解的人肯定以为他天天打鸡血了。我第一次见到老任是在古城首家相声社里观看他的名人模仿秀表演。当时我就非常震惊：他出场了，风度翩翩、气质不凡。他巧妙地运用自己设计制作的服饰和道具，画龙点睛似的把一个个人物的形体、相貌、声音一同模仿出来。更绝的是，他能在表演中一瞬间、一转身，甚至不用转身，当场展现众多的名人形象。这种形、相、声三者统一的模仿使人物惟妙惟肖、栩栩如生。这种表演超过了我所见过的所有模仿，是顶级、独一无二的。

模仿是演员必备的一种能力。模仿，就是照某种现成的样子学着做。模仿的内容包括声音、相貌、风格、格式等方面。模仿秀应该讲特指艺术表演这种行当。秀，实际在这里就是表演的意思。根据社会上对模仿秀的理解，这个概念可以如此表述，即表演者利用自身的优势，通过一些举止、声音、表情等来模仿明星或特指人物的表演行为，或通过造型、化装、整容等方式来包装自己的相貌以达到貌像的模仿艺术行为。老任聪慧过人，舞台上的表演自信大气，变换人物简捷明快，语言调侃幽默风趣，真正完全做到了形似神似，当属全国名人模仿第一人。

说起老任，早有耳闻，曾是古城团市委宣传部副部长，后下海经商，历任酒店老总、集团工会主席和监事会主席，同时还被聘为近十家企业和商会的文化艺术顾问。

剧场慕名特别邀请老任来演出。这一下了不得，多年来他在此几乎不间断地表演过上千场，场场受到观众的热烈欢迎。很多人看过很多回仍隔三岔五来看。这是老任模仿艺术的神奇魅力。当然，这也和他的表演常演常新和即兴互动相关。老任不断地追求艺术的完美，时时刻刻地钻研和改进，全身心地投入时间和精力，这才使他获得了如今的卓越成就。一般人很难了解舞台上鲜花和掌声背后老任的血汗付出。首先，他要让五官能挪位，要让脸上的肌肉听从神经的指挥，各部就位还要保持稳定，不能影响正常说话，且要保证自然生动地表达喜怒哀乐。这很难，不信你可以对着镜子试试。比如，把眉毛倾竖，嘴巴外裂包住双唇，然后说几句方言。只要不把你自己吓趴下或者逗乐，算你基本成功。老任告诉我，他为了让脸颊肌肉自如活动，把完好的槽牙都拔掉了。呀，这家伙疯了！可仔细一想，只要是优秀的艺术家，都会多多少少染上这种疯病！

再者，老任选择模仿的名人或领袖，要观众熟悉和认可，尽量和自己本体相近，否则模仿难度会加大。要知道老任追求的是酷似。这些模仿对象老任几乎都没有见过,就得查寻大量的影像资料,然后仔细观察和研究。首当其冲是造型,从头到脚都得改造的靠近模仿对象,包括头发、眉毛、眼睛、嘴形、胡子及特殊的痣,这时候小道具很起作用,如模仿对象常戴的眼镜、帽子等,发片、眉毛、胡子和痣都是老任自己设计和制作。服装也很重要,西装和中山装的变换充满了老任的智慧。他的动手制作能力可和专业工匠媲美。形体尤其重要,所有的细节如走路的姿态、挺胸躬腰、手的位置及手势等都会起到带有人物习惯的传神魅力。

  语言是模仿的另一重要环节。老任各地方言的掌控极佳,但最难的是说"什么"。他大胆地采用调侃来说事,风趣地把名人和领袖人物从神迎回到世间。其中度的把握也显示出了老任的典雅品位和对时政的敏锐。

  关于老任的模仿艺术只是我的观察和点滴感受,加上老任和我聊天所言。详细信息不能说,是艺术机密。老任倒不在乎,但我担心社会上众多所谓的模仿秀抄袭乱用,进而毁誉了这门老百姓喜爱的艺术。

  老任不在乎,是因为他的全部机密都在他的大脑袋里和他的家庭小作坊中。他大学毕业于机械系,车、钳、刨、铣样样通,脑中的设计全部在作坊里实施。这个作坊说好听点是工作间,说难听点就是破烂儿收购站。我去参观过,工作台上摆放的是刀、剪、锉、钳工具,周围货架上全是老任从外面捡回来的铁丝、塑料瓶、各种绳子、布头、纸箱、马尾毛等。这些废品在他手上都有用,都成了他制作道具的材料。还有,老任是个热心肠的人,剧场里任何人的任何东西,包括演出服装的改造、古装头盔的修理、魔术道具的故障，甚至大型喜剧《杠上开花》中极神秘的道具"骰子杯"的修理经他手绝对OK。哈哈，老任非人，智慧通神，破忧解难，巧手万能。

其实，老任在多年前就很出名了，最风光的是参加中央电视台《非常6+1》节目以及后来参加中国超级模仿秀并获得"演艺特别奖"和"最佳人气奖"，受邀多家电视台并出席各类晚会。为了更大的进步，老任拜相声名师，虚心求教，开拓思路。同时他自己也招收了徒弟，帮助更多的年轻人走好模仿之路。

老任大火的同时也大忙起来。他随中国曲协和剧场组织的团队出访美国和加拿大慰问侨胞，随曲协及影协、视协巡演各地进行惠民演出，出席各大企业的庆典活动，参与有关组织安排的公益关爱行动，应邀在各地民间社团举办的联欢会上演出，帮助有关集团策划文化活动并讲授企业文化的重要性……当然，同学会、校友会上他也是绝不可少的关键人物。于是他在天上飞来飞去，东奔西忙南来北去。但是，你看不出他的疲惫，他精力旺盛，在百忙之中还策划组建了创艺工作室，要为自己的事业开创一片新天地。

老任具有很强的逆向思维能力，对任何问题反应都特别机敏，和他对话绝对不能走神，左一句风、右一句雨、前一声雷、后一声电，跳跃性极大，叫你常常跟不上趟。如果你没有顽强的神经系统支撑，他的谈天说地会搅得你年轻的心怀疑自己已经老年痴呆。

他喝酒，和什么人都喝，特别痛快，不用劝，喝着喝着嗓门越来越大。叫着喊着，等他开始唱了，这酒基本到位。若有人起哄，他还喝，直到跳起舞来才算攒底。等一会没动静了，肯定是老任累了，有点醉了，离座位了，回家睡了。这就是老任，一位活得单纯自在的男人。这个男人在艺术创造上和他喝酒一样,不尽兴绝不罢休!

老任,说不老也老了,老顽童,心不老就永远年轻。老任呀老任:莫过劳,身体重要,创新路,洒脱自豪,相依老伴享乐,康泰平安逍遥!

马哥

马哥比我小得多,小好多好多岁,但我还是想这样叫他马哥。不是因为他的好多朋友,无论比他大还是比他小的都这样叫,不是随大流,也不是江湖乱道,只是把这称呼当作他的代号。说得贴心一点,是出于对他的敬重。

我认识他很早。我应邀参加他组织的陕西职工艺术团演出活动,去工矿企业慰问一线职工。他打电话联系各方人员,到基层沟通演出的具体事宜,安排舞台上下的调度管理等。那时候我以为他只是省总工会的一位文体干事,是个跑腿的伙计,没想到他却担任着好多显赫的职务:省总工会电教中心主任兼宣教部副部长,中国合唱协会常务理事、省合唱协会副会长,中国职工音乐家协会副主席、省音乐家协会理事、省职工音乐家协会主席,省舞蹈家协会副主席、省职工舞蹈家协会主席,省文联委员、省职工文联副主席兼秘书长,民盟省委文化艺术委员会副主任。我的神呀,主任、部长、主席、会长等官衔先挂了一河滩，就这还应聘延安大学、鲁迅艺术学院等三所大专院校客座教授和省内两个著名合唱团的艺术总监及常任指挥。

千万不要以为马哥只图虚名，他绝对是位实干家，做的事举些例子把我都震撼得一愣一愣的：曾任央视春晚陕西分会场现场导演，央视两期"梦想剧场"副导演，陕台两届春晚副导演，共十二届五一电视晚会总导演，共四届全国职工小品大赛主策划、艺术总监，200多台各类综艺晚会及大型赛事的总策划、总导演，先后指挥过百余支合唱团并创作、编配、改编过混声合唱、无伴奏合唱《冰山组歌》《十送红军》等60余首合唱作品，曾担任央视第十三届青歌赛陕西合唱团主策划和导演，中宣部、文化部庆祝建国60年《放歌中华》大型电视歌会陕西合唱团导演，带队并担任指挥参加第十二届国际合唱节，在先后参加的国际、全国、省级各类文化活动赛事中摘金夺银挂铜取得各类个人、集体奖项110多个。

我相信所有人都会惊讶这位马哥怎能有如此的活力。他是社会活动家，是一位追求完美、不折不扣的工作狂。我见过他因腿有伤拄着拐杖指挥和参与一台大型晚会的导演。他事无巨细地安排舞台上各个部门的工作要点，监督和催促各个岗位进入倒计时状态。所有参演单位和个人遇到问题都找他解决。演出场馆与舞台音响、美工之间的矛盾关系必须他出面协调。他打电话向上级领导汇报工作进展情况，演出前召集全体演职人员开会。他强调晚会意义、鼓舞士气、协同作战、必须胜利。等晚会结束，别人说呀唱呀向他表达欢乐情感的时候，他嗓子出毛病，说话没声了，只能双手比画示意。哈哈，这倒有趣，一场晚会把导演整成哑人了。这就是马哥，一位尽职尽责的职工文艺总指挥。

我想说的是，一个方面的指挥官不该只是空架子，必须是内行，是这个行当的专家或者知晓者。好吧，让我们来看看马哥的生活经历：当过三年文艺兵，当过三年工人，在工厂学校当过十年教师，中专两年学习音乐专业，大专三年在艺术系学习，任厂办秘书三年，后调任省总工会宣传部文艺干事、副部长、电教中心主任。经过岁月磨炼，马哥有着战士的坚韧性格，有着劳动者不惧苦累的承担，有着智者的儒雅及对世人的关爱，有着对音乐、舞蹈和其他艺术的知识储备，最可喜的是有着组织和管理的气魄和能力。当然，这和个人的兴趣、爱好也是密不可分的。马哥喜欢跳舞，虽然在舞台上没见过他的英姿妙曼，但在导演审查舞蹈节目时他常指导，那一招一式的"范儿"处处显示其舞者风貌。马哥爱音乐，但我没听过他唱，可能是大嗓门说话把嗓子说"失踢"了，但擅长指挥。众所周知，合唱是指集体演唱多声部声乐作品的艺术门类，常有指挥，可有伴奏或无伴奏。它要求单一声部音的高度统一，要求声部之间旋律的和谐，是普及性最强、参与面最广的音乐演出形式之一。马哥认为，这也是职工队伍最喜欢的活动，于是他乐指挥不疲。另外，他还对戏剧、文学、综艺以及足球兴趣盎然。前三种对提高自身业务有所帮助。至于足球，我估计他是调剂生活紧张的另类放松。可谁知他很认真，《体坛周报》《足球报》《球迷报》是期期必买必看，还能说出一串中外球星的名字，只要和谁聊足球立马亢奋。这一点比我强多了。我是伪球迷，只看中国队能胜的比赛，结果是一帮熊包让我没了足球兴趣。马哥不然，难道他是想组建和指挥一支职工足球队取代无能之辈？若真如此，定会大快我心，哈哈。总之,他是杂家,文艺和体育圈里的事都明白,自诩万金油。但他清醒地知道,从基层走到全省职工文化工作的制高点,心里必须装着一线职工和职工艺术爱好者,要为他们创造条件,搭建平台,尽心尽力地服务,心里永远装着工人、工厂、工会。

马哥不愧是一位出色的职工文艺活动组织者和领导者。他在上级支持下组建的陕西职工艺术团多年来活跃在工矿企业,其团员是来自全省各个基层的文艺积极分子。他做了大量工作帮他们解决实际困难,让他们在舞台和荧屏上展示艺术才华,并为其中的佼佼者申报"职工艺术家",在上级审批后为他们颁证戴花。这种认可大大调动了职工文艺活动的积极性。另外,他将全省职工文艺比赛分门别类。我应邀当过评委。他提出的评奖方案体现了大局观,在严格评选优秀节目的同时,适当照顾文艺活动开展薄弱的单位。这毕竟是业余比赛,表彰先进带头,鼓励落后急追,这是领导的智慧。马哥为人谦虚谨慎,尊重每一位同事。于是遇有活动,只要他一声号令,各路将才便会很快聚集麾下,听从他的调遣。哪怕时间再紧,困难再多,这支队伍都能成功。这就是马哥。我相信,他的人格魅力定会让其无论做什么都会成就辉煌。

我常常胡思乱想,社会上有五花八门的单位,他们分工不同,有的蒸蒸日上,有的平庸无为,有的朝气蓬勃,有的分崩离析,究其原因也许难以道明,但其领袖的功德与能力怕是万万不容忽视的。马哥这一类人物当属优秀者,有他们则成,有他们则胜,虽夸张却八九不离十,但愿如此吧!

也许是劳累耗神,也许是思虑费脑,马哥的烟瘾极大,可以根儿接一根儿不停点儿地抽。说实在话,连我这个有着50年烟龄的俗人也甘拜下风。虽然说"吸烟有害健康",他却置若罔闻,照抽不误。面对人体科学,我想给马哥说:我们这些烟民是勇敢冒险,还是无知瓜娃,有待历史判决。但还是少抽点吧,不然喜爱我们的人会因为闻不得烟味而厌烦我们的。哈哈!

第三季

独领风骚

马总

记得多年前的一日,朋友约我喝茶聊天。席间介绍一位客人,好觉面熟,众人均称他为马总:平头宽脸,浓眉大眼,穿戴朴实,犹如僧面。哎呀,好像在哪儿见过,这时候马总说话了:"还记得吗?下雪我用车接过您演出。"哦,对对,一辈子都忘不了那是一次非常冒险而又有趣的出行。

那年冬天下着大雪,挚友电话请我为一家歌舞厅的开业助兴演出,说到时候老板会派车接我。我想着虽冷但有小车便爽快应允。傍晚,有人敲门,一看就是现在这位马总,只是那时更年轻一些,也就二十来岁。他穿得很厚实,怀里抱着带毛绒的棉帽和皮护腿,还有一件有毛领的军大衣。我很奇怪,这是干吗,小车里难道没暖气?等走到车跟前我傻了,是一辆大号摩托车。我的神呀,摩托车!哦,他带的装备都是让我防寒用的。不穿戴好都不行,要不然会冻成冰棍的。他歉然一笑:"委屈了,我在前面开车,为你挡风。"说实在话我不担心风,他粗壮的身躯加上棉大衣就像一堵防风墙,我是害怕这车行驶在冰天雪地万一打滑不安全。谁知他看透了我的心思,宽慰我说:"放心,我是老司机,你坐后边搂着我。"搂?说得轻巧,这么粗的腰我可搂不住,勉强抓住他的棉衣,双腿紧紧用力夹住坐垫,把脸贴着他后背,心想:哎呀,看来我这一百来斤今天就算交给他了。眼睛一闭,咬着槽牙,脑子一片空白,只觉身体随车飞向了远方。不过,还好,总算平安到达了他的歌舞厅。进场后脱掉棉衣棉帽,他是热汗,尽心尽力的结果;我是冷汗,吓出来的。

小时候他曾去少林寺修佛习武,六年的苦行练了筋骨锻造了品质,为他的一生奠定了坚实的基础。有一点我不明白,出了少林却开了舞厅,难道少林之武和歌舞之舞有什么潜在的天意?字不同音同,对心的感悟却是截然不同的。刚强和柔美的结合,火和水的交融,这样的经历真不知道会对他的未来有什么神秘的影响。

歌舞厅一别20年,他也从小老板成了老总。由于他入股加入"王木犊剧场"所属公司,也就成了我的上司。我想,这可能是上苍的安排,我得把小马改口称为马总了。哈哈,缘分呀,这正是:久别重逢,感慨万千!

20年他做了些什么我不清楚。当然了,结婚生子是必然的,其他事情我只能靠打听了。据说,由他操办和央视著名主持人搞了一次"重走马帮"即马帮瑞供京城的大型公益活动,所到之处访贫问苦帮建学校,大力宣修古道慈善的意义,在社会上造成极大影响;在北京为某茶叶品牌约请名演大腕搞规模盛大的拍卖;在他家乡县城成立房地产公司,筑路盖楼拉动经济,创建良好的投资环境，吸引更多的商界大佬为家乡建设出力；建立大益普洱茶庄会亲聚客品茗交友，不经意间扩大了生意，修好了广泛的人缘关系。可到头来，他又回来经营他喜欢的文艺事业了，要知道当年在经营歌舞厅的时候可是认识了不少现在已出了名的歌手和乐手，他怀念那些朋友，更何况他跟着他们还学会了吉他弹唱。

马总对剧场的管理有自己的想法，但他不善言辞，常常用极简明的字句表达较复杂的意思。他告诉我文化产业要用资本运作的方式来发展，他不管我听没听懂，继续着他对未来的设想，坐在对面的我却像听天书，脑子里是一团糨糊。

马总平常话不多，人很实诚，干的都是帮助剧场演员展现才华的事情。有一位歌唱演员自身条件一般，虽很刻苦勤奋却收效甚微。马总大局观点拨，让他走公益演唱的道路。这位歌者倒也聪慧，于是根据农村留守儿童的情况创作了一首歌，名为《牵挂》，制作费用马总出、到农村希望学校扶贫演唱马总安排、为孩子们送的助学用品马总负责，并赠送学校一批文体用具。这种活动的发酵引起了媒体的关注，加上网络的广泛推广传播，这位歌手很快带着部分孤独的孩子被浙江卫视"中国梦想秀"栏目邀请与全国观众见了面。紧接着马总又给这位歌手讲述了自己的一件事激励其创作一首关爱老人的歌，他是这样讲的："我好长时间没有回农村老家看望老妈，妈特别想我，就烙了小时候我最爱吃的南瓜饼进城来看我，谁知出了车祸经医治无效而永远离开了我。"马总热泪盈眶，歌手深受感动，于是一首新歌《拥抱》诞生，在网络上推出以后点击量达到三千多万次。

马总做生意有点钱，但不吝啬，他认为应该做的事经常慷慨解囊。剧场为演员扩大表演天地想拍摄电影，有剧本无投资，马总掏腰包带头入大股众筹资金解决。开机宴上请他致辞，他嘴不利索加上激动，两句话倒也给力："大家吃好、把戏拍好，谢谢大家！"哈哈，你别看马总说话磕磕绊绊，办大事却痛快干脆。为让演员见见世面和宣传陕西，马总和另一位老总决定组织剧场艺术团前往美国和加拿大慰问华侨和在北美的华人，十几个人的往返机票费用由二位老总分担。这次出访得到了陕西侨办的大力支持，也受到了两地同胞的热烈欢迎，那真是"掌声笑声满堂彩，同胞情谊深似海"。

这就是马总，人好心善，谁有困难他都乐于帮忙。表面看来他有些老成，实际上童心犹存，四十岁出头了还特别喜欢玩，玩就玩出名堂，玩出和一般人不一样的境界。先拿喝茶来说，喝的是大益普洱。他能把茶的发展历史娓娓道来，生茶熟茶不同的加工工艺以及泡制和品茗的注意事项。我服了，这是一位茶的弄潮儿。品着茶，放送着音乐，和朋友一起体验着美妙的禅意。其二，不抽纸烟玩烟斗。马总是烟斗协会的组织者和领袖，能把烟斗的来龙去脉讲得头头是道，送给很多人整套的烟斗设备。我有一份。这些斗民聚在一起品茶执斗，茶气和斗烟融合，加上各自的动作神态真是一幅另类味道的图景。其三，马总玩摄影。照相机、摄像机和各类器材装满了一柜子，而且都是名牌。我没见过他拍的照片，看到他背包举机扎势的神态倒很有几分大师的气度与神韵。其四，爱唱。有闲了约上一帮称心的朋友去KTV吼叫。有人起哄他便执筒，随心所欲，唱跑了再唱回来。他特别喜欢秦腔，无伴奏也能吼得痛快尽兴。当然了，最后他买单。

马总呕心沥血，20多年的拼命苦斗，20多年的风雨坎坷，换来了精神的愉悦、物质的享受和难以治愈的糖尿病。每次饭前看见他拿针往肚子上扎都令人心疼和同情。年轻时，马总不在乎，对喜爱的甜食不加以控制，看见西瓜经不起诱惑多吃了点，很快血糖就上去了。哎，没钱时拿命换钱，有钱了拿钱换命。马总不傻是个聪明人，可他也逃不出这个怪圈。是的，马总有点钱，但有钱不吝啬，帮助不少企业家朋友渡过了难关；赞助一些有才华的艺术家去做公益事业；逢年过节自掏腰包奖励表现优异的员工，他自己却朴实无华。马总的魅力、性格和气质完全是长期坚持自身修炼的使然，我想可能是三个字：人！忍！韧！

人：不和小人来往，坏事害命；不和庸人交道，费时费力。忍：受辱遭难要忍，小不忍则乱大谋。韧：实现梦想要有韧性，不达目的绝不罢休。马总的经历告知朋友，没有救世主：靠自己，莫懈怠；踩稳步，莫张狂；严律己，莫旁骛；抗诱惑，莫动摇。我相信马总一定能活出更加精彩的人生！

桂花

桂花这名字很土气，是农村父母给起的，很随意却是命中天意。君不见宋代词人、千古第一才女李清照所写《鹧鸪天·桂花》："暗淡轻黄体性柔，情疏迹远只香留。何须浅碧深红色，自是花中第一流。梅定妒，菊应羞，画阑开处冠中秋。骚人可煞无情思，何事当年不见收。"我理解的词意是说，桂花不张扬，性格柔和，纵疏尘世却陈香扑鼻，不需艳丽却花中夺魁，梅花妒忌、菊花羞愧，待开放时美壮秋色，无情者断思，当今自有君相识。

奇哉怪哉，我说的这位桂花女子被女词人李清照言中，这绝非父母有意，许是梦中天神托话而来吧！我认识桂花是在西安首家相声社里，满台男生唯她女腔。她是主持人，一位说着标准普通话的陕北姑娘。我不知道这姑娘以前的生活经历。我见过太多的主持人，只觉得她有些不同，朴实、大方、亲切、清新，最重要的是对观众的尊重。说实话，这种活古而有之，乡叫"知事"，城叫"司仪"，现在都可称为"主持"，为区分寺庙多叫"主持人"。社会的发展变化，各类人群的不同需求，五花八门的主持人纷争登台亮相，只要胆子大，只须颜值高，哪怕话不利索都没事，会议、晚会、荧屏、网络等平台太多了，就连不搭界的高等院校也办这种专业培养主持人来凑热闹。呜呼，悲也？喜也？"吃瓜群众"过瓜瘾，有籽无籽慢慢品！

桂花不一样，一些大型晚会也请她主持，她的身材、容颜、语调、气质让观众耐看喜听，有大局观绝不喧宾夺主，清晰流畅知识广博，机敏控制处乱不惊，极带自己的个性：不温不火、不卑不亢、不艳不淡、不俏不俗。这才叫：主持不主持，文化见本事。

人的一生光是主持那就太单薄了，特别是女人，年岁大了，容颜变了，观众不爱看了。桂花想得远，她想实现小时候的艺术之梦，于是创办了文化传媒公司，挣钱是必需的，更重要的是开挖自己的潜能，同时了解自己的长处和不足。她已经在规划未来。我应邀参加过她公司主办的一次大型晚会，除本地演员还有专门从北京请来的明星。一切就绪准备开始，突然有一位歌唱演员打来电话，说是有事来不了。这时候我刚好在附近，只听见桂花老总用柔美的声音和对方通话："你怎么能这样呢？应人事小，误人事大，别开玩笑，你看着办吧！"这要换成别人早怒了，她跟没事一样。也对，急有何用？演艺圈里大小人物都有，重要的是必须让他们懂规矩。

干大事的人要沉得住气。太急不行，容易误判惹事。太肉了也不好，别人急了，桂花处事我以为偏肉。在公司承办的太白景区大型晚会上，刚开演时大屏出现问题。她不动声色地看着导演着急。她清楚地知道这时候必须让主办方的头头不要动怒。她去和那个头头聊天，岔开思绪，于是难关闯过尽开颜！

后来，我和桂花熟悉了。她到剧场来做主持，我才慢慢知道她是一位有些懒散邋遢的女士。她到没到不用找和打听，到后台女演员更衣室一看便知。如果很杂乱，衣服乱扔乱放，鞋袜东一只西一只，说明她到剧场了。这方面她在巾帼中是"出类拔萃"的，倒也洒脱，和汉子们有一拼。据说她在家也是如此，反正有人收拾。我想，她这是为了给喜欢她的人提供表达爱的机会吧！哈哈！

桂花多才多艺。原本她就学过表演，在剧场除了主持，还客串演过小品、哑剧和情景剧，角色有蒋总裁秘书、候诊的俏妇和外国总统的女保镖。扮相赢人，有台词说话偏软声低，好像肺活量有点小。我想，这和她性格柔弱有关。如果在日常生活中她能发发脾气，经常大喊大闹，也许可以增加气量，但那又不是她了，周围的人也会吓一跳的。算了，就这样吧，反正上台有麦克风帮忙就行了！

有一天，她放下了自己公司的事在剧场当了老总。一般人肯定认为这很好，可桂花觉得很多事务离她的梦有点远了，于是她辞职了。她想静下来好好思考一下，怎样能够尽快地向着梦想之路前行。

桂花的命是香命，富贵之命。虽然她不认命，可由不得她。在这关键时刻有一位大哥来牵她的手了。其实这大哥早先帮过她，赞助她举办的一些活动。说是大哥并不大，比桂花长几岁。他低调，不张扬，热情大方，从不显摆自己企业的规模和收益。桂花看他人好，便同意先交往再了解。这大哥我也认识，人很豪爽。至于他们是怎么谈的，双方是否满意，因为我不在场便无从知晓。嗨，这是玩笑，不可能在场，后来他们的事我也渐渐淡忘了。

不知过了多长时间，突然有一天，我收到他们送来的婚庆大典请柬，举办地点在三亚。等乘机到达以后，我大吃一惊，嘉宾有西北、东北、上海朋友和老家亲属等200多人，吃住安排在一豪华酒店，吃住行他们全包。我的神呀，这得花多少钱？千万别因为这次婚礼搞得大哥的企业破产呀！后来我问过桂花，她神秘地说了一句："没事的，只要大家高兴就好。"当然高兴，白吃白喝白玩能不高兴？只是心里暗暗祝福桂花，打油诗一首："桂花有哥爱，幽香永不败。盛开正当时，惊艳云天外。"

你根本想不到，原来身体柔弱的桂花在她大哥的精心调理下成了胖妞。大哥陪她海内外旅游，专让她吃她爱吃又有营养的饭食，强迫她散步走路锻炼身体，等等，这一切是为了让桂花有精力去实施和完成她梦寐以求的理想。

桂花改名叫菱蔓了，民俗升格典雅。她现在是影视传媒公司的老总，挂牌仪式我应邀出席。好家伙，公司占了整个一层楼。菱蔓老总领着参观，装修古朴唯美，各个部门应有尽有，编剧提供本子，大片即将制作。这是她艺术起步时的梦想，一部影视剧在她的统领下肯定会灿烂夺目。

还有一件喜事也让朋友们没有想到。桂花，哦，现在的菱蔓和她大哥（她丈夫）生出了他们爱情的结晶——一位重7斤7两天赐小帅哥。真是双喜临门，期盼的影视剧还在酝酿，孩子倒先出生了。这胖妞老总当初气弱养壮时不知是否已有这种策划和安排。

要把儿子尽心尽力培养成国家栋梁，要让影视剧出类拔萃，菱蔓老总，你身上的担子可不轻呀！哦，对了，原先在剧场换装那种零乱习惯改了没有？估计是改了，已称菱蔓了，哪能零乱呢！嘻嘻！衷心地祝福家庭美满、事业辉煌！

哈哈

哈哈是一位中年男士,不姓哈也不叫哈。哈哈是外号,谁给起的不知道,我也懒得去打听,好友都这样称呼他,可见其人生活中是特别能哈哈的。所谓哈哈,褒贬不一,褒的是乐观开朗,不言忧愁,贬的是大大咧咧,敷衍人事。我说的这位伙计到底是哪种哈哈,这得看人看事,随时切换。聪明人都这样,否则便是傻子不开窍了。

我和哈哈早年认识,不算很熟。他在铁路工程单位上班,在一些工会组织的大型晚会上舞台监督绝对是他,演员都得听他指挥,我当然也不例外。这时候的哈哈绝对牛气,胸前挂着标明职位的牌子,把剧务叫到身边严肃训话,并详细分工前台与后台的注意事项,安排不同的节目、不同的演员进入不同的化妆间和更衣室,开演前检查灯光、音响、大屏和道具的到位情况,督促主持人做好准备,通知开场节目在台侧等候,一切就绪和总指挥联系。得到指示后哈哈就像战场上的将军大手一挥发出命令：开始！由于事前彩排过，开演以后大家各司其责，哈哈便没有多少事了。他找地方抽根烟过过瘾，和候场的演员特别是女演员聊聊天，不时在后台转转，挑挑剧务的毛病，大多的时间是站在台侧以免意外的发生，他好以权威加以处理。一切顺利皆大欢喜。庆功宴上，哈哈碰杯导演指挥：导演辛苦，指挥辛苦，哈哈，我也辛苦，来，干！

我和哈哈熟悉是为他所在单位排练小品《回家》，男女演员各一，扮演夫妻，哈哈演丈夫。以前在西安铁路的晚会上，我也见过他表演，并未留下深刻的印象。不是主角无法让他显示才华。这一回不一样，绝对男一号，他和女演员配合默契，情感交融，表演朴实大方，生动自然。喜剧节奏明快，人物性格鲜活，高潮部分深沉动心催人泪下。只是哈哈的方言有点问题，河南话和陕西话两搅，虽不中听却别具喜剧韵味。本来这个小品是单位为弥补缺席全国铁路大赛的遗憾而仓促上阵的，但演员出色地发挥让这个小品获得了一等奖的头名，哈哈和女演员搭档分别被评为最佳男演员和女演员。后来这个节目还多次受中铁文工团邀请赴各地慰问第一线的职工。哈哈火了，但他并不张狂。别人夸赞的时候他打哈哈，心里想的却是另外的事。

什么事呢？哦，哈哈已经停薪留职下海经商了。随意丢掉铁饭碗不是一般人能办到的，这种人有个性有能力。哈哈非常自信地从国营单位拍屁股走人了！然而，这可不是打哈哈的事。他去山西做焦炭的生意，了解焦炭的品质，联系买家卖家，设定储货场，定制运输车，收炭装炭发货，看面子先收部分订金，货到才有全款。整个过程很苦很累，哈哈忙得不亦乐乎，充分显示了他的能力。他很善良，太过相信别人，吃吃喝喝以后货发了只有少量订金，全款不见打来，再找人已失联。哈哈骂出脏话："咋是这种人呢？！"就这样他做生意好几年，没赚多少钱，倒是要账让人先伤了神。出于无奈，他叹曰：唉，心慈难经商！

其实经商让哈哈长了能耐，他对数字特别敏感，例如：一斤鸡蛋四块二，称了五斤七两，一米布两块八毛三，扯了九点六米，问一共花了多少钱？当你纸笔手算或在计算器上按键的时候，他已经告知你结果了，就这么神。股票和数字有关，于是他炒股常有胜算，哈哈是这方面的操作能人，不仅自己炒，还乐于帮助不明股经的朋友炒，买进卖出，牛市熊市，风云变幻，惊险刺激，哈哈乐此不疲得意自如，挣的钱买了车便是明证！对于这种博弈哈哈有些上瘾，麻将桌上的小打小闹也算锤炼心态、考验分析判断能力的机会。打牌只和朋友打，大家互相了解，免得争赢怯输闲话理论生出是非。有意思的是哈哈打牌给自己的这个外号增添了新的内涵。四人围桌，有人等上家出牌便可听牌待和，牌出来下家欲吃。这时候哈哈一声碰搅黄了下家美梦。下家笑骂哈哈是哈怂，这个哈是陕西方言坏和心术不正之意。哈哈乃麻坛高手，常能算出牌友阵容，也就常有搅梦之手。久而久之哈上加哈，哈哈便被调侃出新的指向。哈哈不恼，照哈不误！正是他的这种哈哈作风，人缘关系还是非常广泛的。

我看中了哈哈的精明和对舞台的熟悉，经老板认可请他来剧场上班了。原来只负责演出事务，后来人事调整，老板直接将他提升为集团演出公司的总经理，按规矩我归他管了。其实，他并没有做好这个准备，哈哈想的是尽心尽力做就是了，做不好换掉，他仍然期盼过那种独来独往、自由自在的日子。我没有想到在这里他还显示了另外的才能：其一，演出开场需要在大屏上放一个片头。他设计并与工作人员用网络上的电影镜头剪辑出了一个有故事的短片，而且富有喜剧色彩。片中人物根据片头的功能讲话，同时要给里面的角色对口型配音，既要像原电影人物的声音，又得配准口型和情绪，这个难度相当大，可是哈哈做到了，而且相当精彩，一下子就把观众带进了观看演出的情绪；其二，他和表演《陕西乱谈》的演员商量，将简单的故事叙述插入情景再现，他和两位演员塑造了三个人物，马上改观了原来的效果。哈哈扮演的那个疯狂年代的小干部造型独到，可笑又可憎，给观众留下了深刻印象。我夸赞哈哈的时候，他有点小得意："你忘了？咱可是得过全国小品大赛最佳男演员奖的！"说完又羞怯地笑道："嘿嘿，错了，是铁路系统的职工比赛，得奖那算个啥嘛！"

老总要负责全盘，他要处理解决店面职工的一些矛盾，要关注店面和演出每天的收支情况，要联系政府买单的惠民演出安排，要和市区有关主管部门商谈安全生产宣传演出的具体细节，还得完成集团分配的其他销售任务，还得众筹集资完成电影的制作，等等。哈哈有点头大了，想发牢骚发不出来。这时候能解愁只有一个办法，休息日上牌场在嘻嘻哈哈中忘掉烦恼。要是输了认倒霉，还挺高兴，反正痛痛快快地玩了一回。

哈哈是位孝子，姊妹众多，他是老小。母亲近九十岁，特别疼他依赖他，和他一起生活。丈母娘原在宝鸡，也近九十，为了好伺候，他和夫人商议，遂也接来家住。本来两位老太太挺好，相依为伴形同姐妹。俗话说：三个婆娘一台戏。现在两个老太太就够一台戏了，相处时间长了，各有各的习惯，各有各的脾气，自然会争个道长理短，互相怄气。老了小了也正常，只是忙了哈哈，他得劝架。要是单独谈话有点费时费力，给两位妈说一样的话，而且容易引起对方猜疑，哈哈干脆把两位老人请到一起，采用单位开会的办法，先讲家庭大好形势，表扬取得的成绩，再说团结重要性，鼓励双方多做自我批评，若是再闹定要严肃处理。两位老太不明白哈哈说的啥，时间稍长犯困，火被水灭，皆大欢喜。这正是：哈哈打哈哈，家事不抓瞎，一碗水端平，两位都是妈。只是到给二老一一送终后，哈哈痛哭了一回，他觉得家里不热闹了！

　　哈哈还是那个哈哈，啥事都难不住他，能干的干好，干不好拉倒，尽心尽力，少发牢骚，心有善念，青春永葆。哦，对了，他姓徐，祝福徐哈哈事业担当，麻坛称王，股票常牛，快乐健康！

大眼

　　有的人叫他大眼儿,我叫他小闫。他眼睛的确大,而且眼珠比常人有点往外凸出,特别在他激动的时候更厉害。我问过他,不是甲状腺引起的,是天生的,是自来凸。他是铁路工人,曾在大山中养护路轨。铁路工人生活异常艰苦,晚上睡觉时工友们谈论的话题多是女人。小闫酷爱打猎,星期天最喜欢参加的活动是狗撵兔。山林中兔子在前面逃,让狗追着兔子屁股撵,他提着猎枪在后头追狗。工友们呐喊着、呼叫着。那场面是相当惊心动魄。遇到刮风下雨、冰封雪盖的天气,只好在宿舍玩牌,打扑克、打麻将,赌资不过一分、二分。当有人耍赖、破坏规矩、胡搅蛮缠时,麻将、扑克统统不打,而是直接抱着打架了。

　　在这期间,小闫工作之余除了打猎、打牌、打架这三打之外,还学会了打板儿。所谓打板儿就是陕西快书、快板用的四页瓦。前三打是扯淡事,唯独这打板儿彻底改变了小闫的命运。

他先是说快书、快板、讲故事、笑话，后又演小品，一步一步被吸收进了局宣传队。不久，他告别大山，走进西安城，职务也从一名养路工变成了文化宫干事。我就是在这个时候认识小闫的。初步印象是，此人嗓门特大，不会说悄悄话，气儿足。你叫他小点声，他不习惯，憋得慌。我怀疑他眼珠外凸就是被气儿憋出去的。他身上有一股野味，这怕和他在山里成天和狗呀兔子打交道有关。说野并不是贬他，想说其性格是原生态的，有棱角，不遮掩，为人处世好就好上天，坏就坏到底，没有中间，从不一分为二，就是常说的，爱走极端。

小闫的表演才华在宣传队得到了充分展示。他的节目在全国获了奖，上过中央电视台。他是全国职工小品大赛最佳男演员奖的获得者。这些成绩使他成为省总工会首批命名的职工艺术家。小闫有了荣誉，但秉性未改，依然喜欢三打。打猎少了，城里没法打，外出很麻烦。打架也很难，这得两个人，是双打，你打、别人不打，成单打了，单打就无理了。这样就剩下打牌了，打麻将牌，赌资与时俱进成了五块、十块，兴致高时也五十、一百，不赌钱无味，钱多时紧张，打的是心理素质。小闫久经沙场，心脏跳得再急促，脸上也看不出来。何况他是最佳演员，掩饰痛苦和喜悦的本领那是雕虫小技，而且他牌风极好，赢钱不骄横，输钱不赖账。只是有个现象很奇怪，小闫打小牌常赢，打大牌常输，于是大牌少打输出去，小牌多打赢回来，久而久之算下来是不输不赢。嗨，白玩了，图的是个快乐！

当然，也有不快乐的时候。他老婆也想打麻将，特别是小闫牌背老不开和，人坐在旁边观战就有些着急，于是悄悄用胳膊捅小闫:"哎,我替你打两把,倒倒手。"小闫也明白,牌场上有俗语,换人如换刀。可他心里想的是不能换,一来,打麻将赌钱是坏毛病,要坏坏自己,不要让老婆也坏进来。二来,在输的时候被换下去实在丢人,脸面只能塞裤裆了。小闫把老婆一推,怒吼道:"滚,一边待着!"老婆没想到,好心成了驴肝肺,也躁了:"哎呀,推啥嘛,牌胡打,还逞能,输了活该!"这句话要是笑着说就好了,是开玩笑,夫妻逗趣,可惜是板着脸,恨着说的。小闫不和牌正上火,犹如一桶油泼上身来,转过头把自来凸的眼睛瞄准老婆:"你再说一句!"老婆不服软:"活该!活该!活该!"牌是打不成了,麻友纷纷相劝,越劝越来劲。一对人来疯,终于打起来了。小闫出掌很重,他老婆根本不是对手,只能招架。双打改单打,本来是打麻将,结果成打老婆了!

　　后来还打过几次,有时是出于好心。他老婆有病去医院检查,回来后小闫不放心,要陪着老婆换一家医院再看看。结果病历找不见了。换了别人会劝老婆不要慌,慢慢回忆可能忘在何处了。他不行,急了,催着老婆马上领他去找。他骑着一辆自行车,给老婆借了一辆车没有闸。他要换着骑,老婆没理他。谁知在下坡时,突然拐出来一辆汽车,没闸的自行车刹不住,老婆倒在了停下来的汽车旁边。幸亏没出事。他老婆和汽车司机吵起来了,这时候小闫没有帮着吵。他说怪他老婆,因为车上没有闸。回家后老婆非常不高兴,埋怨小闫关键时候不帮自己帮外人。小闫立马反击,骂老婆不讲理。于是二人又吵嚷起来,吵着吵着小闫就动手开打了。事后他十分后悔,老婆有病还遭打,自己实在不该。他忙去买来好吃的东西慰问老婆,并赔礼道歉。就这样,小闫的极端性格,他的执拗、他的冲动、他的火暴脾气,想打老婆再也打不成了,老婆被他彻底打跑了!

其实说起打来,小闫只是打过老婆,在外面从不跟别人打,要打就是打抱不平了。他的几个朋友在小饭馆吃饭。为小事,邻桌的几个人骂他们,骂得非常难听,于是扭打起来。对方又去叫来一堆人,小闫的一个朋友看打不过,忙跑回家叫小闫。小闫牵着自己养的一条狼狗,于是混战升级,器物乱飞、人声鼎沸,双方都分不清谁是谁的人了。小闫打着呼哨,指望狼狗冲锋陷阵。可半天没有动静,他一低头,桌子底下狼狗已吓得瘫卧地上,全身发抖,口吐长舌、呼呼喘气,旁边还有一摊狗尿。小闫长叹一声:"唉,瞎咧!"一招手,他和几个朋友落荒而逃。这时候跑在最前边的是那条狼狗。第二天,小闫请人把狗杀了,流着泪和几个患难朋友吃了一顿胡萝卜炖狗肉。

小闫病倒了,非常严重的心肌梗塞,在医院做了搭桥手术。经过抢救、治疗、吃药、休息,终于从外表看已和常人一样,只是必须随时注意,不能太累,不能急躁,心态要放平和,不要生气,不要冲动。就是说,小闫要改变自己。这很难,但他真的在慢慢变化了。他肯定意识到冲动带来的后果,只要冲动,全身各个部分都需要血,而且要的很急,心脏就要加紧工作,但血管的弹性是有限的。这就像上下班时大街上的车,挤着抢着往前开,可路宽是有限的,势必造成堵塞。血在血管中流动也一样,堵塞就麻烦,人就彻底瘫倒了。

有一天都半夜了,小闫打来电话,吓我一跳,以为出了什么事。结果他激动地告诉我,刚看完一部电视剧,好得很,让人泪流不止。我想,坏了,这么晚还不睡,又激动又流泪,这样养成习惯,他身上搭的桥怕要塌。我给他泼凉水:"那不是真的,是编来专门骗你眼泪的。你冲动个啥,快睡吧!"听到他哈哈大笑,我才放心地把电话挂了。

小闫再也没养过狗,却和几只猫交上了朋友。这是几只流浪猫,没人喂养,很可怜,但是特别机灵。听脚步它们就能知道小闫回来了,因为它们的小闫伯伯一回来就会在大门口放上好多吃的。

小闫没有上过大学。他倾尽全力帮助孩子,孩子也争气,很快就要完成博士研究生的学业了。小闫也在学习,在电脑上学,每天的生活很平淡,也很快乐,搞点创作,参加演出,看看电观,喝点红酒,与世无争,优哉游哉。在这里,我衷心地祝福小闫一生平安!

魏征

这是一位年轻有为的魔术师。众所周知，魔术是杂技的一种，用极敏捷、不易觉察的手法和特殊装置将变化的真相掩盖住，而使观众感到奇幻莫测。旧称"幻术"或"戏法"，亦比喻神奇的手段，俗解"魔"字为麻痹观众，趁机捣鬼。

以前看过魏征的魔术表演，却并不熟识，到剧场演出后才慢慢了解。他个子中等，不胖不瘦，浓眉大眼，刚中带柔，总是显得很忙，来去匆匆。我不知道魔术师是否都这样神出鬼没，好像我见过的几位都差不多。魏征的确很多事要忙：陕西省杂技艺术家协会副主席、中国杂技艺术家协会会员、陕西省喜剧表演协会理事、陕西省高校魔术研究会副会长，最重要的他还是国家级非物质文化遗产"周化一魔术"的第三代传人。

常言道：会看的看门道，不会看的看热闹。我就是个看热闹的，用网络语言说：吃瓜群众一个。外行不懂,不可妄谈,和魏征聊天才知道一些入门的常识。他说:中国魔术可以分为"中国古代魔术"和"现代魔术"。按原理与技术大致可分为:手法类——以手法技术为主,必须勤练才能表演;器械类——以巧妙设计的机关、器械来进行表演;心理类——根据心理学的原理来进行魔术表演;科技类——以化学、物理等自然科学知识作为依据来进行表演。我的神呀,分这么细。算了,看来这魔术之门一般人怕是进不去了!

欣赏魏征的魔术表演是一种享受。小伙子帅气,技艺精湛,手法灵巧,一系列变化看得人眼花缭乱:惊险断头台、三绳奇术、白纸变钱、丝巾穿环、手扣、纸袋花箱、扑克缩小、神奇火盒、空手出花、闪现牡丹花等,音乐伴着观众的掌声是对他最好的奖励。

多年来在学习魔术的过程中,魏征受到了诸多魔术前辈的悉心指点,很多同行也都给予他支持和帮助。他用成绩感恩他们:荣获"第六届陕西省艺术节暨第二届陕西省社区文化艺术节"优秀节目奖,荣获"野森林杯第三届陕西省喜剧表演大赛"一等奖,连续多年参加省文化厅主办的三下乡活动和"群星奖"获奖作品全省巡演活动,受邀参加CCTV《大秦帝国》开机仪式演出和连续五届担任"中韩国际文化艺术节"表演嘉宾,多次随省、市慰问团深入基层演出,被誉为陕西观众喜爱的魔术师。

然而他并不满足,敬拜著名魔术表演艺术家、"周化一魔术"传承人即周化一的女儿为师,发奋系统学习魔术,从而成了第三代传人。魏征清醒地知道魔术是自然科学的一个分支,是一门集知识性、科学性、趣味性于一体的艺术门类。它抓住人们好奇的求知心理特点,制作出种种让人不可思议、变幻莫测的假象,使人们难以识破其中奥秘,从而达到以假乱真的艺术效果。魔术是视觉艺术,不受语言限制,不受观众性别、国籍、民族和文化水平限制。因此,魔术是观众喜闻乐见的艺术,也是世界成千上万颗心灵沟通的桥梁。为此,魔术的传承对于人类文化的繁荣发展有着十分重要的价值和极其深远的意义。于是,在拜师的同时,他还开办了"魏征魔法教室"培训少年儿童,让魔术陪伴孩子们健康快乐地成长。

说起少年儿童,不得不说说魏征的儿童剧。奇怪吧,魔术人和儿童剧有什么关系?我猜可能是这样的:其一,魏征年轻,本身就是个大男孩,童心激动,活力盈溢,对万事好奇,幻术、儿童剧在此同趣;其二,魔术寓教于乐,陶冶情操,启发智慧,其乐无穷。儿童剧开发想象,纯真心灵,分辨是非,生动活泼。魏征敏锐地感觉到这是孩子们最喜爱的两种艺术形式。

魏征策划和组织演出了多台儿童剧:《白雪公主》《灰姑娘》《皇帝的新装》《小红帽》《三打白骨精》等。高兴的时候他也参与其中,穿戴上动物服饰扮个狗呀猫的,上台跳跳蹦蹦,彻底把童心释放一回。他甚至扮过日本鬼子,上台就被枪崩,倒在地上无人管,只好自己悄悄地爬回后台。观众还以为没打死,自己跑了,哈哈。乐是乐了,可魏征在组织方面操碎了心:聘请导演和演员、安排排练和演出的场所、购置和租赁演出服装、寻找和确认赞助单位等。他不急不躁,踏实认真,一步一步走向成功。要知道,他与所有的演职人员并无契约关系,只是口头说定。可他一召唤保准全到,这是人格的魅力。万一个别人急事请假也无大碍,只要不是主角,没准他又顶替上场了。呀,万金油嘛!

经过组织儿童剧演出的磨炼,魏征除结交了一大批青年朋友之外，在安排组织大型演出活动方面已经具备了丰富的经验和能力。我参加过一次他代表杂技家协会组织的下乡惠民演出，名角成群、观众几千、各方满意、好评如潮，为他痴爱的杂技魔术事业大大地做了一次宣传。魏征以宣传魔术为荣。他知道大多数人抱着戳穿西洋景的目的，全神贯注、目不转睛地观察演员的一举一动。人们极力想找出演员哪怕一丝的疑点，思索其神秘所在，力图解开谜底。观众体会着表演的艺术情趣，等待赞叹魔术师的精巧构思，欣赏令人惊异的现象，玩味着表演者的精湛技艺，从而得到智慧与美感的升华。他也知道，科学技术的发展会促进魔术日新月异，必须学习交流，各地的魔术活动他常是自费前往，收获颇丰。

年过三十依然单身，魏征生活得自由自在，一人吃饱全家不饿，一人高兴全家欢腾。你从来都不会知道他此时此刻在何处潇洒。他爱玩，喜欢旅游，没有什么计划，很随性，脑子一热就走了。当然太远了不行，没那么多钞票，也没太多时间，一般七八天。他去过韩国、越南、泰国、柬埔寨、印度尼西亚、马来西亚、新加坡等，很少约伴，独来独往，看风景、享美食、学魔术、观美女，玩上瘾了继续玩，玩厌倦了拍屁股走人，下回换个地方接着野。这就是魏征。我曾经为他写过打油诗："生活精彩自在，天马行空痛快，吃喝玩乐率性，笑傲江湖不败。"

说到吃，我得把魏征称为美食家，当然，这是雅称，俗话得叫"吃货"。哎，请注意，我以为"吃货"是分等级的：A.高级，吃得很讲究，中餐、西餐能说出名堂，知道各类如何搭配，吃态温文尔雅，吃相淡定从容；B.中级，挑食，只吃喜欢的，也能说出一些道道，吃态生动自然，吃相笑容可掬；C.低级，什么都吃，不讲究，吃时专心致志,吃态狼吞虎咽,吃相眉飞色舞带出吧唧声;D.级外,不够"吃货"等级甚至厌食。还有一些人几乎天天都在酒店,桌上都是硬菜,吃为辅,酒为主,而且醉翁之意不在酒,目的性太强,当排除在真正"吃货"之外。魏征当属高级,已从"吃货"跨入美食家行列。他自己能做好多吃食,就像变魔术一样,南北大菜和下酒卤肴不计,光点心就有月饼、甑糕、老婆饼、西式蛋糕、西饼等。他自创的魏家卤肉饭完全可以登上国宴,我吃过一次香了三天。什么味道打死我也不说,你们自己问他吧!哈哈!

春儿

其实大家都不把他叫春儿，我私下里这样偷偷叫他是感情深厚，我们是老朋友了。他原来姓张，后来姓赵，我问他为啥变姓？他笑着说："是改姓，不是变姓，变姓弄不好别人听成变性，还以为我是女的动手术变成男的呢！"到现在我都没弄清这改姓怎么回事，好像跟小时候过继给别人有关系。

认识春儿是早年在地方电视台的春节晚会上。他是主持，帅气干练，心慈面善。再可乐的事他说出来自己不笑，顶多嘴角一翘，"嘿嘿"两声罢了。后来才知道他是专业团队的歌舞剧演员，出演过的歌剧《江姐》曾经轰动一时。他扮演的角色是俊美青年，谢幕时好多女观众抢着和他合影，当然还有不少献花的。他是个蔫怪，非常调皮，也非常聪明，善于模仿别人说话，掌握各地方言，对陌生人会仔细察言观色，把不同男女老少的音容笑貌和神态行为加以揣摩而牢记心中。

团队去欧洲巡演,每到一个国家春儿都能和那里的外国大鼻子们搭上话,而且男女老少通吃。他和他们天南海北谈笑自如,那个音调、那个节奏、那种表情、那种味道,加上各种变化的手势配合,春儿俨然是一个外国通。不同国家语言不同,他也有着不同的变化,遍及东欧西欧无往不胜。只是他不知外国人说的啥,外国人也不懂他说的啥。有时随团翻译在旁边,明白了外国人的意思,却不明白春儿的意思,于是用汉语普通话问春儿:"你说的是什么呀?"春儿板着脸悄悄应道:"我也不知道说的啥,你给他们胡翻就行了,嘿嘿。"难为了翻译,他替春儿圆了场,说是特殊的问候语。老外冲着春儿竖大拇指,春儿也一一握手拥抱道别再见。后来听说春儿受了批评,怕万一惹出麻烦,那就会成为外交事件。

春儿特别会讲故事。别人讲可能没意思,他讲出来就像听笑话,会让你兴趣盎然。他给我讲老丈人为女儿嫁他而背着女儿审查他的事,把整个过程表演得细致入微,惟妙惟肖。老丈人是南方人,眼睛盯着春儿,在房间里踱着方步,慢吞吞地问道:"春儿,你这个身体是不是有毛病呀?"春儿答:"没有呀,挺好的!"丈人:"那说话怎么这样软绵绵的,没有一点点阳刚之气呀?"春儿愣了一会儿,然后习惯性的嘿嘿一笑:"您老人家怕是怀疑我不会生孩子吧?!这您放心,男人有的东西我都有,男人会的我都会,生孩子嘛小菜一碟!"这回老丈人愣住了,片刻哈哈笑出声来:"春儿,别在意,我就这么随便问一问。"

春儿信得过我,什么奇怪的事都说。他们单位有位跳舞的男艺术家是归国华侨,年岁大了加上身体欠佳,突然发病抢救无效去世了。安排好后事以后,领导决定当天早些时候将遗体送往殡仪馆,第二天一大早头一个召开隆重的追悼会,一切就绪通知所有人员务必参加。可谁知就在当晚,市民中不知谁家也有一位老先生去世。这家人谋私插队,把他们家老人放在了第一位。这情况殡葬工作人员疏忽大意,春儿所在单位并不知晓,仍按原计划实施。追悼会开始之前,春儿所在单位还花重金聘请有关公司摄像以便留作资料。场面摆开,准备开会,没人注意死者不对。春儿说这也难怪,老人逝后都比较消瘦,样子都差不多。谁也不会想到有人调包,再加上情景悲伤,众人眼含泪水视线模糊,很难仔细分辨。哀乐播放,众人致礼,主持人请出领导致悼词,声情并茂,动人心魄。接着是大家绕场一周和遗体告别。眼看就要结束,就在这时候,昨晚插队的那一家人闯了进来,大喊大叫说弄错了,还理直气壮地质问单位领导,凭什么把他们家老爷子放在中间当猴耍。春儿单位的人全傻了,无论如何也想不通怎么能够发生这种事情?!听到这儿我问:"后来呢?"春儿说后来双方协商,这家人有错,不该插队,单位也做得不好,没有仔细检查,从而握手言和,达成谅解。出于无奈,单位领导决定重开一次追悼会,还请摄像人员重拍。人家不干,要另付费用,只好认可。再开会的时候已经完全没有了刚才的情绪,大家忍住笑,怕伤害了逝者。单位领导长叹一声,骂出脏话:"唉,真倒霉,丧事变成闹剧,都不知该生谁的气。"讲到这儿春儿平静的脸上才有了点笑意,嘿嘿一声算是结束。

  我和春儿真正熟悉是为央视做节目,喜欢他的不动声色,尤其中意他的冷幽默。小品叫《棒槌导演》。他能歌善舞,能把一首好听的歌曲唱跑调然后再唱回来,跳舞他能左胳膊左腿却让你看得那么自然随和又协调优美,滑稽可笑而不动声色。这是本事,一般人根本做不到。央视导演看见他就想笑,他成了大家都非常喜欢的演员。

在一个重要的电视晚会上,春儿的独角小品《约会》引起了轰动。

他接到任务,一个人表演大龄男女谈情说爱的故事。由我协助他完成。当时晚会排练已经结束,审查时小品没有通过,样式很好,内容不行,怎么办?仅有两天就要录像,春儿想打退堂鼓。可导演组下了死命令,加班熬夜不睡觉都要整出来。我相信春儿的能力,先改剧本,然后重排。导演组请来戏剧学院化装的老教授,专门设计出半男半女的脸谱,加上服装的男黑女红的配合,从侧面看,左侧男人,右侧女人,这就让一个演员成了两面人。当然,不能正面看,正面就怪了。表演要求也更高了,男人说陕西话,女人说河南话,形体上男刚女柔,转换人物时瞬间在动作形态和语言上要同时改变,太难了。可春儿不仅大获成功,而且在剧组造成爆炸性影响。他的艺术悟性和技巧功底非常人能比。消息传出,其他几家电视台私下相邀,春儿婉言回绝。他说不能见异思迁,要从一而终。我夸赞他的时候,他又是嘿嘿一笑,道出的话悲喜交加:"唉,太不容易了!"

很多人知道我是演独角戏的。可像春儿这样的独角戏我演不了,没有那样的能力。春儿创造了自己的历史,他是值得自豪和骄傲的。

后来有一次发生的事情就让人哭笑不得和莫名其妙了。还是央视的晚会,邀请春儿的团队参演,演一个哑剧小品,没有台词,舞蹈性极强,从头到尾是采用打击乐现场跟随伴奏,对默契配合要求极其严格。这个节目多年前曾由现已退休的两位老艺术家表演过,春儿他们只能算是改进性复排。演员是新人,伴奏仍是原班人马,轻车熟路,定会成功。谁知接到录像通知不到半个小时,春儿的肚子开始疼痛难忍。当即伴奏老师和春儿的演员搭档紧急将其送往医院诊治,检查结果是胃痉挛。大夫说是紧张所致。紧张?春儿怎么会紧张?难道是老"革命"遇见新问题了?不急,吃点药睡一觉兴许能赶上第二天最后一场录制。最后录像开始,春儿疼得无法登台,只好休息等待。时间一点一点过去,太晚了,导演组遗憾地宣布本期录制结束。当春儿得到这个消息时,肚子不疼了,变得和常人一样了。在返回西安的路上我问他:"春儿,到底怎么回事?真的是紧张吗?"他还是老习惯:"嘿嘿,没啥紧张的,就是怕演不过前辈丢人!"哦,原来是这样,没想到这么乐观开朗的人也脱不了俗,有点名气了就怕掉面子!

春儿的年纪也不小了,可他人老心不老,还是那么调皮,还是那么爱讲笑话。他说:"嘿嘿,前列腺有毛病了,经常要去理疗烤电。不然的话,嘿嘿……"

赵安

叫这个名字的人可真不少,光我认识的就有好几位:曾经的央视大导演赵安,记得吧,大胡子;西安一个著名影视公司的董事长赵安,先前投资拍过一部枪案戏轰动全国,近期拍的《白鹿原》;还有一位赵安,退休了,原是西安铁路局的职工,是我多年的老朋友,在这里我要介绍的就是他。

这位赵安可了不得,很多年以前我曾前往他在铁路上的办公室拜访过他,相见恨晚,谈笑甚欢,才知道他当过列车员、列车长,又调入西铁工会担任文化指导以及铁路电视台任副台长。后来在很多文艺活动的场所与他相会,也了解到他是西铁文艺、特别是小品基地的奠基者之一,为铁路甚至全省职工的文艺发展都做出了重要贡献。前不久他送给我一本精装影集,好厚的一本。里面全是赵安多年从事艺术创作、排练、演出等合作的老师、同行、朋友以及学生的合影及剧照等。那真是分门别类、规划有序、仔细观赏、钦佩至极。他为这个集子起了一个带有情感色彩的名字——戏在生命中。

赵安说，他累计创作大型话剧4部，电视专题片24部，情景剧33部，小戏21部，小品850多个。这么多别人可能不信，但是我信，他整个人、整个脑子几乎全在戏上。我看过他的很多作品，各种奇思怪想都会出现在他的戏中。单人小品《肉夹馍》何等轰动，他编剧带导演，形式上有点谐剧的味道。方言独角，以小见大，道出了肉被馍夹的无奈与意趣，笑中含泪，喜剧悲演，实在是大手笔。他的哑剧小品《盖印章》更是独树一帜，不仅当编剧导演，赵安还兼做演员亲自上台表演。那种无言的舞蹈语汇、那种音乐声中的节奏把控、那种动作中的喜剧感觉、那种对形式主义的讽刺，观后不得不拍案叫绝。还有《广告市场》《补衣女》等一批作品在古城均是家喻户晓。赵安平常很安静，有活动的时候他总在给别人拍照片，非常低调，根本看不出来他是位才子。可他脑子没休息，他的"戏"不断。后来他一发不可收拾，个人在各项比赛和调演中获得编剧奖、导演奖64次，还获得省文化厅文艺最高奖"群华奖"金奖。特别值得一提的是，他创作的小品《送红包》《劝酒》《最后一次点名》等均获得国家级大奖，《送红包》还走进中南海向中央领导汇报演出，为陕西争得了荣誉。真是了不起，赵安还创作和导演了多个获奖小品，如《村口》《大年夜》《姻缘》《卓玛家的经幡》《毛泽东与李鼎铭》，等等。

说心里话，我很欣赏一位铁路局老朋友、文艺评论家胡城先生在影集前言中对赵安的评述："品若梅花香在骨，人如秋水玉为神。赵安为人不卑不亢，谦恭谦和，对初学者、对有求者尤为热心。难能可贵的是铁路情结不减,央其导戏,从不推辞,台上台下,做戏做人,大师风范,令人敬佩。江山留胜迹,我辈复登临。守在陕西,得天独厚,灵感层出不穷,大有天地可为。用心者,事竟成,赵安即其中之一也!"得此评价,赵安当之无愧。

多年来赵安创造了一种新的舞台艺术样式,那就是"情景剧"。这可能是他自己命名的。也许我孤陋寡闻,以前很少涉猎这种表演,反正不像小品,也不像话剧,人物众多,有主角,有群像,制造出来的气氛非常浓烈。故事紧紧围绕一个中心事件,高潮时对观众能够产生强烈震撼。这种"情景剧"赵安编剧或导演过许多,而且大部分获奖和受到方方面面的夸赞。如《难忘的夜晚》《劳模,我们懂你》《江西突击》《抢通109》《畅通的邮路》《使命》《50年的首飞》《这里也是前线》《乔迁》《小村的歌声》《明亮的眼睛》《创业年代》《英雄列车》《当代群英》《群众厨房》等,特别是情景剧《红嫂》《江姐》《赵梦桃》《牛玉琴》《鲁迅与易俗社》《张杨摆戏台》《习仲勋改字》《巴山,巴山》等,在央视或省台播出以后引起了极大的反响。我看过其中的《抢通109》,汶川地震造成铁路隧道塌方堵塞,致使大动脉交通中断,铁路职工冒着生命危险在最短的时间内抢通。那种场面、那种氛围、那种气势、那种壮观,真的让人热血沸腾。还有《英雄列车》,洪水冲垮桥墩,列车即将车毁人亡,车长指挥列车员在乘车群众的帮助下平安脱险。那种信念、那种温暖、那种决心、那种关爱,实在是振奋人心。这种创作不允许生编乱造,必须深入现场、深入生活,真实的细节才能生动自然、感人肺腑。而情景剧的导演必须激情满怀,是指挥员,是宣传鼓动家。他调动包括群演在内的所有演员必须围绕主角和中心事件展示各自的性格反映,哪怕没有一句完整的台词。老道的赵安得心应手,导演过程中的很多即兴发挥处理是他长期导戏经验的自然流露。呀,这老伙计太厉害了!

不知道赵安有多大的潜能,他还创作导演了小剧场话剧《咱爸咱妈年轻时之生产队里开大会》,以及微电影《小站》。他被聘为全总文工团特约编剧,荣获国家一级编剧职称。他还多次在央视《戏剧博览》《当代工人》《梦想剧场》《神州大舞台》等栏目以及全国、省、市的大型晚会和电视台相关栏目中担任策划、撰稿、编导工作。

在赵安影集的扉页上有一张他虚化的侧面半身照,肩上背一挎包,微微低头行走在路上。下边印着一句话,犹如他的心声,好有禅意:如来,如去,如自在,一切顺其自然。若解意我以为就是来去自在,顺其自然,不争不抢,平淡真诚。我冒昧地言说赵安是三热:热心、热情、热衷。他热心助人,不管谁有事找他都会尽力帮忙。我曾托他买火车票,原以为很容易,其实不然,铁路职工也得先审批,拿了购票批条再去窗口排队。拿到票感谢他时,他说:"没事,刚好我有空。"朋友家里出事,他专程去关照处理。演员重病住院,他去看望慰问。这就是赵安,总能想到别人。他热情为大家服务是出了名的。在影集中好多照片你看不到,他为别人照的合影或剧照,一张张冲印出来用信封装好,亲自送到你手上。我的神呀,几百人几千张呀,谁行?只有赵安。他最热衷的事情就是戏,痴迷如醉。他不习惯闲下来,见得多、点子多、想法多、经验多,写作品是快手。导戏他激情盈溢,忘我投入,遇新手亲自示范,叫着喊着。戏成功上演,他身子软了,嗓子哑了。众人兴奋了,他悄悄回家了。

看了赵安的影集会发现,他是一位有心人,照片分七大部分:赵安和家人,赵安和师长、朋友、演员们,赵安演出文艺节目、戏剧、影视资料,赵安编剧、导演的节目,赵安编剧、导演的情景剧,赵安经历的体验生活、采访,赵安在现场和参加会议。赵安的生活丰富多彩。他广交朋友,男女老少、中外宾客,名人、名师、名导、名演是数不胜数。他就像一棵树,把根伸向四面八方,吸取营养,有阳光,有雨露。当枝叶繁茂果实累累的时候,他清醒地知道自己的担当和责任。不过,话又说回来,这么多年他真够辛苦的。在这里我祝福老朋友:赵安呀,注意身体,健康才能快乐,虽然"戏在生命中",但要劳逸结合,用一句河南话说就是:"伙计,歇歇,歇歇再来!"哈哈!

元成

　　这位男士打扮得很精神。他偏分头梳理考究,出门戴浅色鸭舌帽,防止风把头发吹乱。身着衣料不凡的中山装或休闲浅色夹克衫,皮鞋擦得锃亮。人很气势,体虽偏瘦却很干练,走路有弹性。他大名元成,是我的一位小兄弟,是位拜了名师的相声演员。

　　认识元成很早,当时表面印象是苗条体弱,谁知他却力大无比。后来才知他干过装卸工,是吃过苦的人。他偶尔说话不自觉地嘴角稍歪,我估计就是那时扛包落下的毛病。哈哈,开个玩笑。元成喜爱文艺,最初进入专业曲艺团体学习成为自费学员,期限三年。他刻苦努力,在好多老艺人的帮忙下进步很大,很快相声就说得有模有样了。一个偶然的机会让元成展现了才华:团里在外地巡演大型相声剧《太平间的笑声》,连演数日,票已售罄。谁知扮演反一号的演员突发疾病无法登台,又没有B角的安排,怎么办?团领导急得抓耳挠腮,无以对策。就在这关键时刻，元成找到领导毛遂自荐，请求顶替出演。说实话，当时领导的心情非常复杂，成王败寇在此一举，于是很纠结地问道："你？能行吗？"元成答："放心，词儿我都记住了。"这叫什么话？词儿记住了就能演？领导看着元成信心十足的样子，出于无奈，救场如救火，那就上，遂交代台上其他演员机动灵活，随情补台。真是没料到，居然完美落幕，观众反响良好，掌声笑声阵阵。当然，演出的剧情也很好玩：在那荒唐年代，造反派硬把勤杂工当外科医生推上手术台，在为病人治疗时，竟把药的剂量稀里糊涂扩大了10倍，致使病人昏死过去。幸亏真正医生及时抢救，才在太平间里使病人化险为夷。勤杂工并不知道病人"复活"。他怀着悔恨、痛苦、内疚的心情来到太平间忏悔，向病人的"遗体"告别，自哼哀乐，自当司仪"主持"追悼会，从怀中取出了小花圈，与"死"去的病人相互拥抱！病人告诉别人关于自己曾经的"死"，竟说："死是死了，就是死得不透！"语言匪夷所思，入木三分，令人拍案叫绝！

这一成功给元成带来意外惊喜，团里决定提前一年让其转正，即从自费学艺转为正式演员并发放工资。紧接着团里又排相声剧《阿混新传》，这一回由元成名正言顺地担任主角阿混。剧情也很有意思：饲料厂厂长的儿子是全厂闻名的"阿混"，混在家里吃闲饭，混在厂里吃大锅饭。厂长在大会上宣布，全厂青年工人都要参加文化考试。阿混却溜得不见人影。他声称在家无法温课，竟异想天开仿效梁山伯去杭州温课。在杭州，他四处游逛，划船时不慎掉进湖中。幸遇一姑娘相救，他才得以回家。溺爱孙子的奶奶在家里的纸篓里捡到一份撕碎的考题交给阿混。他如获至宝，胸有成竹地踏进考场。谁料,他连抽三次考题,均未与准备好的题目对上号,还错将四大家族答成"宋江、孔老二、陈世美"等,出尽洋相。阿混因考试作弊,且成绩不合格,在家写检查。正在这时,曾在杭州邂逅的救命恩人找上门来。这姑娘是市郊养鸡专业户。她从报上获悉饲料厂试制成功新混合饲料,想请阿混帮忙购买。她误以为阿混是技术员,特邀他去杭州作指导。在姑娘家,他一面对姑娘的父亲表示要插队落户,一面又对前来取经的养鸡户胡诌混合饲料的配制方法。当姑娘家几百只鸡因吃了他用牛奶和蜂王浆搅和的所谓新饲料瘫倒在地后,阿混被赶出家门。阿混在家里、厂里、农村处处碰壁,实在混不下去了。他绝望地跑到河边,决心一死了之。幸亏姑娘及时赶来,对他进行批评帮助。阿混幡然醒悟,决心做一个对社会有用的人。

这个戏太适合元成了。他也下足了功夫,无论穿着打扮,还是情绪动作,每一个环节都不忽略。他把所有的台词都记下了,包括别人的。我的神呀,这太费劲了。元成说,只有这样,他才能精准地调控自己的语言节奏。这倒是,起码不会抢词或拖延。有意思的是当其他演员忘词或改词或即兴发挥,都会被元成提示和指出。久而久之,逼迫别的演员记住自己台词的同时,把他的词也记住了,嘻嘻。但是,这样一来就出现了一个问题,因为台词量太大,他在记别人台词的时候忽略了自己,真成了"骑驴数驴",把自己的台词疏漏了。谁知这却成了一个习惯,在后来的演艺生涯中常出现这种状况,给别人提词的同时自己的词却磕磕绊绊。哈哈,这太有趣了。不过,元成一旦记住了却能长期不忘,事隔多年仍然脱口而出。你说这是个什么脑袋?有的朋友常拿此事调侃开逗,他也不恼、一笑了之。我虽然描述夸张，有一点真的不一样了，那就是经过大戏的锤炼，经过舞台的实践考验，元成的表演有了长足进步，已经由稚嫩变成有大腕风度的演员了。

不演相声剧就说相声，他的搭档是位老艺人，不仅量活出彩，而且擅长创作。他们的相声《种树》在"中国首届相声节"上荣获优秀表演奖。相声《酒迷歌星》在"陕西省曲艺大赛"上荣获一等奖的第一名。除了相声，元成还表演小品。这对演过大戏的他来说，那可算是小菜一碟，喜剧小品《香港回归日》荣获西安小品大赛一等奖并荣获最佳演员奖。由于元成的人品、艺品得到认可，省文联曾授予他"德艺双馨"荣誉称号，同时市委、市政府授予他"先进工作者"荣誉称号。

元成嗓子特别好，在歌曲和京剧演唱上颇有造诣。这是他平时常练的基本功。他将这些特长带入相声，便有了不俗的反响。相声《楼上楼下》以唱为主，唱词叙述情节，包袱笑料裹挟其中。元成的每一唱段都引爆掌声笑声。在化装相声《老太太学唱歌》中，元成扮老太太惟妙惟肖，穿戴酷似，动作到位，唱做幽默搞笑。他还加上舞蹈身段更加令人耳目一新。这个节目被元成带往北美随省侨办和公司慰问侨胞，受到了非常热烈地欢迎。

戏路宽泛是元成表演能力的突出显现。剧场演出荒诞小品《铡美案》，他演皇姑，男扮女装，古装娇艳，龙袍凤冠，红唇柳眉，出场就是碰头彩，幽默的台词加上滑稽的动作，勾画出权贵可笑又可悲的嘴脸，着实让观众忍俊不禁。在方言喜剧《杠上开花》中，他扮演爱打麻将，又怕老婆又好面子的人物，表演得入木三分，让观众笑得前仰后合肚子疼。元成还参演过一些电视剧，可惜多是坏人。这实在是导演眼拙，委屈了这位英俊小生。

模仿朗诵是元成的爱好。在联欢会上，他把电视剧《康熙大帝》的大段训词朗诵出来几可乱真。他模仿一些外国电影人物的配音也很到位。这种能力不去译制片厂上班都屈才了。这就是元成，说学逗唱样样精通，相声说得好便成顺理成章的事了。

元成还有一大乐趣就是忙家务。很多男人对此不屑一顾。其实这是一种偏见，热爱生活不是仅仅热爱外面，爱家才是主要的。元成会做饭，最拿手的是面食，臊子面、炸酱面、油泼扯面、烙饼、饺子等均有陕西特色，炒的菜也讲究色、香、味俱全。元成忒好客，喜欢在众人面前显摆手艺。谁要光临品尝请约好前往，三三两两太误元成时光，他还要说相声、演戏、教徒弟呢！

孔夫子说过一句话："穿戴打扮出门，嫁人就嫁元成！"嗨，这是孔夫子说的吗？！哈哈！

老肥

他是我多年艺术交流的好朋友。老肥是他的外号,不知为啥起了这么个名?人其实不算肥,只是健壮而已,要不就是特别喜欢吃肥肉,落下了这么个名声。老肥长得非常俊帅,浓眉大眼,耳长鼻阔,说起话来手势助力,听话的人再不明白他就先笑了,后躁了,声音都提调了,冒出一句:"嗯,给你这人说事费劲得很!"

我和他认识是那个荒唐年代开展"故事"活动的时候。别人都是讲故事,只有他说评书。"故事"不难讲,只要把词记熟就行,表述部分清晰,人物区分明显,节奏控制适度,基本就算成功。当然,讲好了不容易。可"评书"有难度,入门都不容易,扣子悬念、人物赞、行头赞、风景赞,口若悬河一套一套,笑怒哀叹、悲喜交集,加上扇子、方巾与醒木的运用,那真是:一人一台戏,文武皆成趣,长短论古今,传奇添魅力。老肥知难而上,为业余演员说评书树立了典范。这也为他以后的演艺事业打下了坚实的基础。

说老肥是业余演员只对了一半,他的职业是铁路局工会干部,除了日常的迎来送往、打球照相、家访探望、解困扶帮等事以外,很重要的一项任务就是组织职工的文化娱乐活动。于是老肥把时间和精力投向了艺术,就像专业人士一样。这让他领着团队在后来的艺术事业上取得了辉煌的成绩!

老肥是个有事业心的人。他眼光独到,看准了"小品"将其作为职工艺术的发展方向。小品不像其他艺术品类有那么严格的界定,这种宽容为小品把生活真实演化为艺术真实开创了广阔的天地。同时,这种宽容也使作者在创作中不必过分拘泥于题材和样式,可以从容地去表达感情和展现人生理想。老肥办事果断。他必须先有一支小品队伍,而且自己也必须在创作上实践。铁路系统很有意思,他们抽调基层职工不用协商,下道命令便可执行。很快一批有创作表演能力的业余演员集结在了他的麾下。虽然这些人都是基层职工,但平常也都零零星星参加过电视台晚会,有的利用节假日还在社会上的演艺活动中展现才华。也就是说,这是一批相当有舞台表演经验的老演员。很快一台小品晚会形成,并在演出中大获好评。这事看起来简单,老肥却花费了很大的力气。他组织大家研讨和修改剧本,分配角色和邀请专业导演,准备服装、道具和音乐,最重要的是协调这些成员之间的关系。大家水平都差不多,又都是基层的能人,性格不同,爱好差异,常常为一些本可以宽容之事闹出隔阂。你别说,这是一门学问,一个单位,一个队伍,团结是关键,齐心干大事。老肥心胸坦荡,不卑不亢,采用不同的方式:或玩笑调侃,或举酒谈心,或嘻哈劝骂,或正色说道,硬是把一班人马调配齐全，为职工文化做出了贡献。

多年来，老肥写出了不少的好作品，小品《送红包》《出租车》《腰鼓情》《候车大厅的故事》《西餐与泡菜》《工会主席的热线》等，他还带队参加了央视和省市电视台的重要晚会，在全省和全国的职工小品大赛中多次获奖，还有小品被安排到中南海为中央首长演出。所有这些让他和队伍中的许多成员分别荣获了省总和铁总授予的"陕西省职工艺术家"和"火车头职工艺术家"的荣誉称号。

其实，老肥不仅是作者和演员，他还是管理者。他心里想的非同一般，把铁路小品做强做大是他的梦想。他筹划安排，上下沟通，从办培训班开始，让更多的青年职工加入队伍。他邀请一些戏剧专家讲课，边学习边实践，写出作品、讨论修改、分头排练、比赛评比。于是年轻的作者逐年增加，优秀的男女演员不断涌现。在老演员的带动下，年轻一代的小品队伍已经昂首挺胸走上了企业文化的舞台。

老肥认真钻研摄影技术。他本来就略知几分，选景、焦距、光调、景别操作自如，常把演出队伍的台前幕后留影记录。当他演出时便委托专人拍照。就这样，他整理出版了他们的小品演出影集。这支队伍承担的演出任务越来越多，有时连铁道部的活动都要他们出席，唱歌的、跳舞的人才也加入进来，大大丰富了演出活动的内容和形式。老肥清醒地知道，这支队伍必须紧密配合中心工作，必须心贴心地为基层职工服务。他组织创作员下到站段深入生活，采访劳动模范人物。每年他们简装巡线到山区小站和偏远艰苦地段为节假日坚守岗位的职工慰问演出。一个企业的工会干部在上级的支持下把文化艺术搞得风生水起，这是能力的体现，也是一种远见卓识的智慧。从1986年至今，常年坚持业余小品创作演出的职工有200多人，有260多个小品在中央或地方电视台亮相，其中近60个在央视演播。获得国家级奖项的有250多个，省部级奖项的有380多个，部分小品还荣获了文化部"群星奖"金奖和全国曲艺大赛最高奖"牡丹奖"。这真是成绩斐然，硕果累累。当几百个获奖作品汇集成册出版时，我荣幸为其作序。有关上级领导也非常关爱，老肥所在的这个铁路企业被命名为"全国职工小品创作表演示范基地""全国职工小品创作表演示范基地培训中心""中国企业文化建设先进单位"和"陕西省职工小品艺术基地"。

当然，我没有必要为他贴金。他们企业的很多活动我都应邀参加过，基地的展览室我也参观过，他们如何起步和一步步走到今天，我还算了解。我并不认为所有成绩都是老肥取得的，但他是始作俑者，是参与人，是领头人。这些是他尽心尽力和同路人拼出来的。拼不靠说，要有"亮剑"精神：汶川地震期间，这个团队冒险到一线，创作表演了小品《抢通119》；一趟列车在大桥上因水害倾斜时，乘务组抢险救援的事迹被团队创作为小品《英雄列车》，演出震撼人心！这个团队有着刚强、坚韧、乐观和自信的气质，其中内涵着老肥的性格基因。

他休闲时喜欢和知心的朋友打打麻将，不吵不闹，说说笑笑，怡情养性，忘掉烦恼。有时他也和家人美食共享、酒足饭饱，山川古镇、参拜寺庙。人生就是如此，把自己的爱好和职业当成宗教来崇敬，奋斗时精神抖擞，休整期养精蓄锐，活出一个无愧无悔的自我才是最大的乐趣。

老肥退休了，小品基地和企业文化活动已交班后辈，但他退而不休，仍在做一点力所能及的事情。他的几个徒弟和学生已各自独当一面，编、导、演样样行。偶然在微信朋友圈里看到他发的团队演出剧照，甚感欣慰。那样的舞台情景、那样的色彩缤纷、那样的帅哥靓女、那样的欢歌笑语，老肥笑了。他伸出大拇指点赞。他祝福自己看着成长壮大的团队取得更加辉煌的成绩！

老肥，老朋友，健康快乐，多多保重！

爱美

爱美之心，人皆有之。我这里说的爱美是位女士，电视台主持人，获得过全国主持人大奖。别人对她的评价是面容姣好、小巧玲珑、心直口快、活泼好动，但叫我说，爱美最大的特点是爱美。

以前也认识爱美，她几乎天天在电视上露面，全省不知道她名字的人极少。特别在农村，由于她主持的地方戏曲栏目收视率颇高，很多农民都是她的崇拜者，用时尚话说，是她的粉丝。据说，她到农村主持戏曲晚会，父老乡亲们经常把她坐的车围得水泄不通。一群小伙子挤到车窗跟前，齐声呐喊："爱美，我们爱你！"与此同时，把手中的硬币一把把地扔进车里。当然多是1分、2分的。要知道那时候的农民还不算富裕。后来我询问爱美有无此事，她所答非所问："嘻嘻，我知道，我是他们的大众情人！"我说："看把你美的！你知道不知道，你一下乡，当地的硬币就缺，害得买东西都没法找零钱了!"

有一年,电视台举办春节戏曲晚会,我有幸和爱美共同主持,她是主角,我是陪衬。离开演还有半个小时,她人不见了。我有点发毛,忙四处寻找。舞台监督告诉我:"别急,我知道爱美在哪儿。"我问在哪儿?舞台监督说:"哪儿有大镜子,哪儿就能找到爱美。"我忙奔向后台,一眼就看见她,正站在一面大镜子前,左瞧瞧、右瞧瞧、摸摸脸、拢拢发,眼睛瞪一瞪、嘴巴咧一咧,还用口红在唇上补着颜色。我看她没完没了的样子,忙说:"爱美,快开始了。"她却没事一样:"不着急,马上就好。"然后问我怎么样?我说什么怎么样?她说:"美不美?"我说:"美,美,美得过火了,都成臭美了!"谁知道刚主持完开场,演员们在台上表演的时候,爱美又不见了。舞台监督冲我笑着说:"她肯定还在那儿。"果不其然还在那儿,我看见她重复着刚才的动作,左瞧右瞧、摸脸拢发、瞪眼咧嘴和补色,不一样的是头上戴了一顶凤冠,就是戏曲表演中皇后戴的那种帽子。我有些莫名其妙,难道她要这样上场?这时候她又问我:"美不美?"我笑着说:"美是美,说好听的,你这打扮有点像出土文物唐三彩。说不好听的,古代的帽子,现代的服装,这样上台主持,别人还以为你疯了呢!"

说到疯,叫我看爱美真是有点"疯",她是"人来疯"。不管什么场合,不管人多人少,只要起哄让她表演节目,毫不推辞,说来就来,拿手的当然是戏曲,尤其以秦腔、眉户和碗碗腔见长。说她拿手是说拿得出手,唱起来基本靠谱,绝不荒腔走调。说她见长是说她长期和专业秦腔演员合作,学过一些唱段而已。爱美很机灵,表演时常现场拉人合唱,是专业演员可以给她引路,是业余的便显得她是专业的了。

爱美不光爱"臭美",她更爱戏曲之美,尤其热爱优美动听的秦腔。省有关单位组织"梅花奖"获奖演员赴京宣传演出,其中节目以秦腔为主。由于经费不足,伴奏乐队无法前往,只好提前录音,虽然效果稍差,无奈只好凑合。爱美是这台晚会的主持人,她追求完美,不愿留下遗憾,遂东奔西跑,靠工作关系找上门去求助一些有钱的老板。人家和她开玩笑:"秦腔现在又不走红,都快奄奄一息了,你还忙啥呢?纯粹是鼓闲劲!"爱美顺着话茬笑着说:"好我的乡党呢,咱都是秦人,就算秦腔得了癌症,你们也不能见死不救嘛!"老板们听了哈哈大笑,夸赞爱美真心实意,纷纷解囊相助,为演出团赴京演出取得成功奠定了基础。

爱美早已不在电视上主持戏曲栏目了,她是"播音指导"。不过现在她又在广播里开辟了新的戏曲天地。记得前不久,我到农村演出,看见场院里几个农民聚在一起听收音机,传出来的就是爱美的声音。她边说边唱着眉户《梁秋燕》。我问这些农民是不是还想着爱美?怀里抱着收音机的老农说:"想嘛,想得很!"然后指着旁边一位岁数稍小的人:"特别是他,当年往爱美车里扔过硬币。多少年过去了,到现在还是光棍。他等着爱美呢!"听到这儿,我心里说,爱美呀,你还得下乡,那里有想念你的人。他们曾经用硬币表达过对你的爱,你可千万不能让他们单相思呀!

第四季 神韵出彩

八牛

我知道这是小名,但一直搞不明白为啥叫八牛?难道是排行老八?我的爷呀,前边还有七个哥!一般来说,家里的男娃和女娃不混合排序。如果再算上女的,那这个家里兄弟姐妹加起来怕快有一打咧!

其实不然,八牛是独生子,小名是他爷爷起的。老人信神,喜得宝贝孙子心情大爽,于是虔诚地奔赴"大圣洞",拜天拜地拜神圣,祈盼赐给孙子一个神名。他爷并不识字,在混沌中似觉有一声音飘来,遂心中默记,这便是"八牛",八是福数,牛暗指男子命根,八牛即是有福气的牛牛娃。老人非常满意给孙子起的这个名字。

八牛的确有福气,先是从农民变成了乡村学校老师,后因文艺才华出众调入郊区文化馆,最终进城成了农业银行的工会干部。当然,这不可能是神明的作用,是他自己奋斗的结果。八牛从小喜爱曲艺,勤问好学,加上天资聪颖,唱快板、说顺口溜、讲故事成了他的拿手好戏。我初次和他见面是在市组织的故事队里，那时他已经是全国著名的"故事大王"了。这荣誉称号不是虚的，是与全国众多故事行家里手比赛获得的，盖有红彤彤章子的奖状便是凭证。大王有大王的风采，这风采不是说外观形象。八牛的容貌谈不上气宇轩昂，和大王有距离，倒是有些军师的味道。他个头不高，肤色微黑，鼻梁上架着一副一千多度的黑框近视眼镜，上面一圈一圈的暗纹让镜片有了单向屏蔽的效果。他能看清别人，别人看他连眼皮儿是单是双都分不出来，只好靠猜了。但是，八牛讲故事不一样：几个人的场面他就像拉家常；百十来人他和观众互动；大场面他声调抬高放大，脸上能看清的只是那张嘴，两片厚厚的嘴唇开开合合，能把几千人调度得哭哭笑笑；当观众是天性好动的少年儿童时，他采用启发式，哄着、讲着、提问、解答，完全和孩子们融成了一体。这时候你再看八牛，实实在在扎的就是大王的势！

　　有一次，故事队临时安排在一个展览大厅演出，没有讲台，没有扩音，连桌椅都没有，观众慕大王之名而来，只能席地而坐。中间放置一只小方凳供八牛施展技艺。开始很好，秩序井然，掌声笑声在大厅回响，大王脸上透出的是洋洋得意。后来乱了，观众越来越多，厅外进不来的就拼命往里挤。这一下麻烦了，坐地上的全站起来，像包围圈一样逐渐向大王拥来并最终靠拢，而且熙熙攘攘，男女嘈杂、混声一片。可大王到底是大王，面不改色心不跳，故事照讲不误，只是唾沫星子多了一些，纷纷点点地落在鼻子底下挤着的观众头上。终于，大王扛不住了。他无奈地冲着人群喊道："哎呀，我的爷呀奶奶，不要闹了，是我讲还是你们讲些？"毕竟他的声音压不过众人，而且他站着的方凳也被挤得摇摇晃晃。这时候，故事队领导大声吼着："八牛，不讲了，快挤出来！再往下讲，故事就成事故咧！"哈，太有意思了，真不知道大王是咋逃出来的。他头上冒着汗，眼镜歪在一边，丢盔卸甲，就像打了败仗，那样子看起来非常滑稽可笑。

多年前，有一件事令八牛十分郁闷。他的头一个孩子不是牛牛娃。这在当时的农村是很没有面子的。特别是他媳妇，看到村人暗地翻白眼儿、说闲话，常常偷着落泪，埋怨自己没本事。八牛不信邪，温存地劝慰媳妇："愁啥呢，咱还年轻，接着来就对了嘛！"他本意是接着来的就是牛牛娃，可劝的时候没说明白，"咕咚、咕咚"，真接着来了，接二连三来的全是女子。这一下八牛慌了，悔恨不该说接着来就对了的话。她媳妇更是没脸出门。这就怪了，啥事嘛，一而再、再而三，八牛想不通。好多人给他出主意，他都信，于是开始了一系列行动：到医院求教大夫指点迷津；到庙里给菩萨磕头烧香；寻找各种偏方抓药服用；甚至算命先生让半夜行房前绕住房跑三圈的方法他都试过。没用，"咕咚、咕咚"又来了两女子。我的妈呀，五个女娃咧！八牛有些心灰意冷，他媳妇也快累失蹋了，不由得在他面前叨叨："再不要胡折腾了，都怪你叫个八牛，牛牛都叫你占完了，咋能再来咱屋呢！"八牛打蔫了，身心疲惫，人也瘦了一圈，成大尤精打米的。记得当时我劝过他，不敢再受熬煎了，先把身体搞好再说，并让他用枸杞子泡酒喝，说不定能恢复元气，增强肾功能呢！后来见到他，果然红光满面。我得意地问他："八牛，咋样？枸杞子酒不错吧！"八牛笑着说："嘿嘿，不错，不错是不错，原来不动酒，现在瘾大得很，晚上喝完酒上床，头一挨枕头就呼呼睡着了，啥啥都弄不成咧。"八牛不光有大聪明，也有小聪明。他不会再胡来了。要一个牛牛娃是他的梦。只有等到真正让他信服的方法，他才能开始他的"造牛工程"，最终让好梦成真。

　　说来也巧，这方法被八牛偶然找到了。有一天，他回村，饭后出去散步。路过邻村一家养猪场，他停下来和饲养员老伯说闲话。当时猪场正在配种，八牛心中一动，随问老伯："这配种得是还有啥讲究呢？"老伯说："那当然嘛，学问大得很！不能胡配，配好了是伢崽，就是公的，配不好就成母猪咧。你知道吗，现在市场上公猪比母猪要好卖的多呢！"一石激起千层浪，八牛脑子转得极快，马上联系自己，心中暗想："呀，难道我没配好？"他的脸涨得通红，急切地让老伯解释详细的技术。老伯开始吞吞吐吐，以为八牛是同行，多年苦心摸索出来的经验咋能随便说呢？当老伯知道八牛的实际情况以后，非常同情他，便说出方法，只是担心用在猪身上有把握的事情，不知道用在人身上行不行？八牛兴奋极了，热血沸腾，紧紧握住老伯的手，连说谢谢大救星。他没等人家反应过来，撒腿就往家跑。他不管猪呀人的行不行，先告诉媳妇再说。其实很简单，老伯说的不能胡配指的是时间，母猪有发情期，早配晚配都不行，一定要把日子算准，这样生下来的才可能是小伢猪。八牛讲得津津有味，他媳妇满脸疑惑："啥嘛，咱是人，按猪的来怕不行吧？！"八牛急了："哎呀，咋不行，猪和人都是动物，道理是一样的。你不要管，就按猪的来！"

　　也许是严格执行"配猪法"的结果，也许是冒碰的，八牛和他媳妇扬眉吐气，终于有了自己的牛牛娃。当他把这胜利的消息告诉我的时候，我鼓动他再接再厉，能否再试一回，如果仍然成功，便可将"配猪法"改为"配人法"加以总结，继而写出研究报告去申请专利。八牛苦笑一声："不行咧，现在政策硬得很。幸亏我先把个别女子过继给亲戚了，要不然怕这一回都试不成。还专利呢，专个辣子！"

自从有了牛牛娃，八牛干啥都有劲。除了编讲故事，他还创作演出了不少小品，有的还在全国获了奖，并代表农银总行到各地巡回慰问表演。更让我想不到的是他成了婚礼主持人。在这方面八牛有优势。他把顺口溜和韵白故事的讲演方法融合进去，创造出了一种风格独特的主持样式。他忙起来了，每当逢年过节和一些吉利日子更是不能休息。我出席过一次他主持的婚礼，幽默的语言令人发笑，感情的投入使人落泪，但相比而言，整个场面偏于凝重。他讲述父母老辈的故事，用忆苦思甜的方式启发新郎新娘奋发图强，看得出来，八牛准备得很充分。但是，我有一个担心，害怕他用自己养儿育女的经验教导一对新人，特别是趁机宣传他的"配猪法"。如果新人听其教唆并将此法扩大周围他人，一传十、十传百，不久的将来举国皆知，那后果是不堪设想的。本来有些失调的男女比例会走向极端，满世界都是牛牛娃，那社会就乱套了。生活单调乏味是次要的，人这个动物也就濒临消亡了。不过还好，八牛严加控制，是绝密的，打死都不说。他心里非常清楚，过去是旧观念，当今时尚，女娃和男娃一样，而且在很多情况下，女娃比男娃强得多！

大使

他是"公益大使",本名陈汉。在网上查了一下,叫这个名字的有几千人,男的女的都有。要是把不上网的人算进来估计得上万,中国人太多,起名也赶时髦,重名重姓自然多。这给有关部门带来不少麻烦。能否想个办法让每个人名都是唯一的自己多好,就像汽车挂牌。如我要说的这位陈汉,陕西渭南华县人,男,就可叫:陈汉*陕EHM,后面加上出生日。哎呀,太复杂了,别人还以为这是出的新款车呢。算了,这事还是交给那些无聊专家去研究吧,他们有办法。

陈汉的长相真不敢恭维,脸小眼小还近视,身材也是小号的,细脖子上架了个小脑袋,但是很匀称,走在大街上很难认出。奇怪的是陈汉很有女人缘,不知他都用了些什么招数。我认识他是因为听他唱歌,嗓音一般,略有沙哑,但充满激情,别有风味。他唱的《罗山初恋》是自己为同名电影创作的主题歌。电影未火歌火了，没想到不起眼的陈汉还有这种能力。更让人惊讶的是他模仿台湾一位老歌手演唱机智歌曲，现场观众即兴提问，他现编词唱着回答。我知道这里可能有一些套路和窍门。可歌词有合辙押韵上口的要求，同时要诙谐幽默，才能让看客满意。这不是一般人能够做到的。脑子要反应快，得对天文地理、政治经济、家庭伦理、社会道德等方面有一定的了解，而且必须是典雅向上，绝无低俗内容。陈汉有胆量迎接这种考验，说明他有应对观众五花八门的提问的功力，这多少也和他的艺术经历有关。

青春期的陈汉突然荷尔蒙激发，想着法子要走艺术之路，开始拜师一位曲艺名家学习评书。评书是单人说表艺术的一种，一人、一桌、一木、一扇、一方巾、一张嘴，外在形式非常简单，内在功底要求极高，内容为故事，以情节的跌宕起伏和悬念抓人。刚接触评书的陈汉兴趣盎然，师傅让他先背一段词。急于求成的他没有耐性，三天都背不下来。由于是传统书目，他又没有太大兴趣，顿觉枯燥，于是请求师傅教他学说相声。说实话，这样的徒弟还怎么教？才几天就见异思迁，于是师傅还真把他介绍给了说相声的朋友。当然，还有一个原因，陈汉嘴巴说话不大利索，评书又要求开讲须行云流水。师傅想算了，教也是白费功夫，千万别让这孩子学会了几段，真上场表演把观众气跑了。行了，学相声去吧！相声四门功课，说学逗唱，陈汉最喜欢的是唱。相声本功唱是太平歌词，还有就是杂学唱戏曲什么的。陈汉爱唱流行歌。那个时代很时髦，小青年胆子大，不守规矩约束。等陈汉上台能说相声的时候常把流行歌插进去，结果说的一般般，歌却大受欢迎，结果学评书、学相声的陈汉成了唱歌的。这一点他师傅是绝对想不到的，就是陈汉后来大火了，他师傅都不敢给别人介绍说这是他徒弟，万一别人让他唱就麻烦了。这师傅张嘴就跑调，从亚洲跑到非洲，别人拉都拉不回来。

陈汉开始走穴了。流行歌很红，他进夜总会，到歌舞厅跑场子，还到全国各地去参加商演，挣了一点钱，也结婚了，有了孩子。为了养家糊口，他不得不奔波，很少有时间停下来陪伴父母，也很少有机会照顾孩子和妻子。他清楚地知道自己是不孝的儿子、无情的丈夫和失职的父亲。

一个没有单位的演员、一个漂泊的流浪歌手是很孤独的。陈汉常常思索，自己的音乐之路今后该怎么走？他很幸运，在剧场唱过几回歌之后便成了驻场演员，同时他最有福气的是在这里遇见了大恩人，一位心善而又愿意帮他的老总。有一次，他去参加慈善公益活动，想为农村留守儿童做点事。他邀请那位老总同行。他唱歌，老总捐款捐物。在活动中，他们了解到留守儿童的父母为了养家而出外打工的无奈，更知道这些孩子没有父母相伴的痛苦。陈汉深受震撼。他决心一定要为他们写一首歌。这个提议当即受到同行老总的赞许。老总说："陈汉，这是好事。你写，还要把作品推上网络。所需费用我来出！"这是多么大的鼓舞。陈汉激动了。他在外唱歌也是为了养家，他的孩子也是留守儿童，亲身的体会让歌词从心中涌出："好想打个电话，孩子你还好吗？每天都在盼呐，爸爸也想回家。离开了家总是把你牵挂……经常会想起你说过的话，经常会想起你泪腮边挂，亲爱的宝贝你是否长高啦，你是否还听话，虽然身在异乡……总是想听到你开心的笑，总是想听到你童趣的话，亲爱的宝贝快擦掉眼泪吧，我一定尽快回家。"

就是这样一首名叫"牵挂"的歌，接地气，贴近老百姓，陈汉作词，朋友作曲，在网络排行榜上名列前茅。接着他受邀参加了有关电视台的《达人秀》栏目。当陈汉领着一群可爱的留守儿童登上舞台的时候，荧屏内外的观众被这首歌、被孩子们的述说、被孩子期盼转交给父母的信深深感动。歌红了，陈汉火了，他意识到责任大了，身上的担子重了，好像突然明白了歌唱的意义。陈汉被誉为"公益大使"，隔三岔五应邀去各地参加活动，关爱孩子、关爱老人、关爱智障儿童、关爱弱势群体等，与此同时他本人也成了电视台和其他媒体关爱的目标。

有一天，老总和陈汉聊天，说自己的妈妈从老家带来他爱吃的南瓜饼。妈妈眼睛不好，饼烤糊了。老总含泪吃完妈妈笑了。他想拥抱妈妈却没有勇气，两年后妈妈走了。听完这个真实的故事，陈汉哭了，又一次激起创作冲动，很快一首《拥抱》的歌曲在网上和民间传唱："你有多久没回到你的家，你有多久没见过爸爸妈妈……你有多久没吃过妈妈做的饭，你有多久没陪爸爸喝过茶……给他们一个拥抱吧，不要再随意把亲情挥洒，我们把时间留给了朋友和兄弟，却把最坏的脾气留给了妈妈，给他们一个拥抱吧，不要再等到明天表达，岁月带走了他们的青春，却把最真的爱给我们留下……"说心里话，我以为这首歌应该上央视春晚，朴实的语言、诚挚的情感、动人肺腑的音乐，比那些缤纷绚丽浮华干号的不知要强多少倍。可惜咱没这个权力，老总有钱怕也没有能力帮这种忙，只能劝慰和给予鼓励：小兄弟，陈汉呀，别太在乎那些功名利禄，多和老百姓接触，了解他们的喜怒哀乐，创作更多的公益歌曲，为他们唱一辈子。

陈汉行走在公益的路上。当他知道有一个孩子因父亲犯罪,母亲出走,只和爷爷相依为命的事情以后,他去采访了解到孩子既要上学还得照顾多病的爷爷。陈汉又一次心酸欲泪。他连续熬夜写出了《向阳光飞翔》。这首歌感人肺腑,动员了更多的人去关爱和帮助那些因天灾人祸依然贫困的老百姓。

　　当然了,陈汉,也要关爱自己。听说你身体缺钾,切记,莫过劳累,量力而行,快乐就好!

村长

一个村的行政负责人叫村长,这是老话,现在叫村主任,这称谓很多人不习惯,仍叫村长,私下随便,公开场合不允许。我拍过一部20集农村题材电视剧,从头到尾村长乱叫,且是同期录音,送审没有通过,必须改正才能应允。于是又花钞票把原班人马集合录音棚,改了这两字才得以公开发行。

我说的这位村长不是现实生活中的真正村长,是系列独角戏《村长》中的人物。这个人物是由天水的海生创作的。海生因《村长》红火在当地享有盛名,后经人介绍拜我为师。我和海生名义上是师徒,实际上我们是朋友。其实,海生是个艺术细胞很丰富的人,因为爱唱歌,还曾业余学习过声乐。他早期自编自演的第一部作品《钓鱼》,当年就获得了甘肃省职工文艺汇演优秀节目奖。这部带有喜剧色彩的独角戏,获得了专业人士的高度评价。之后,他又陆续创作了小品《夫妻检查站》、二人转《美丽的天水我的家园》等，其中《夫妻检查站》获得甘肃省戏剧小品调演创作一等奖。

海生是财政局干部，业余爱好文艺，很会演戏。他老家在农村，农民生活、农民的情感和思维方式，都深深地烙印在他心里。他决定用他最熟悉的"独角戏"来表现农村的变化。至于人物，海生想到了"村长"。

小时候，他家住在村委会旁边。父亲的堂兄就是一位村支书。在农村，村支书的一言一行、一举一动在那个偏僻的小山村中相当有威信，而自己的哥哥又是现任的村主任。可以说，他对农村的"最高行政长官"相当熟悉。再经他的润色、加工，一个热心为村民办事，积极肯干，但文化素质不高，甚至有点粗鲁的"村长"形象新鲜"出炉"了。几年来，海生创作和表演了《村长开会》《村长剪彩》《村长主婚》《村长泡澡》等一系列独角戏。他的诙谐、幽默的方言土语，夸张、生动的肢体动作，将一位热心为村民办事，却面对村里的一些不正之风忍不住"爆粗口"的村长演得惟妙惟肖，引来现场观众一次次热烈的掌声。村长的形象得到了老百姓的认可，也让海生获得了不少荣誉。他不浮躁，清醒地知道喜剧不仅仅是逗人发笑就了事，而是在笑过之后，让人觉得这个作品有值得沉思的内容。所以说，艺术可以升华，但绝对不能脱离生活现实。生活的积累、观察、提炼是戏剧创作的基础。然而，创作、表演只是海生的"副业"，而他的"正业"则是国家注册评估师、会计师，现任市投资担保中心副主任、市投资担保有限公司副总经理。我佩服海生，能够在理性和感性思维中自由地交叉换位，怪不得头上光光。俗话说，这叫"聪明的脑袋不长毛"。

听说他的工作最近有了变化，被调进市群众艺术馆。这样极好，可以专注从事创作与表演，也可更多地深入生活，出更好的作品。海生是个有心人，他关注全国各地不同类型的单人说表艺术，这方面我们有过交流。他的独角戏从样式上讲有着更多"谐剧"的影子，但又不完全一样。海生吸收了其他独角戏和脱口秀的长处，更好地保持着戏剧的特征。这种创造为展现场景环境和突出人物性格发挥了更大的作用。他的《村长》随着社会的发展会有更多的艺术创作空间，比如说：《村长进城》《村长进京》《村长出国》《村长上学》《村长醉酒》等，可以更多地反映现代农民的进步和困惑。我几乎看了海生的所有节目，有必要让更多的观众感受那种精彩，但是语言成了问题。方言很接地气，在方言区很受欢迎，可无法让外地观众看懂，要改变很难，这是所有地方性艺术的共同点。我的表演也如此，只能尽量减少方言土语，叙述部分向普通话靠拢。当把题材引向更加广阔的天地之时，这种调整就成为必须和可能了。

　　我和海生分居两地，逢年过节他常来看我或打电话问候，更多的是通过电子邮箱和手机微信交流创作动议和想法。他对艺术创作非常痴迷，小眯眯眼一眨就会有新的构思。我喜欢这位朋友式的徒弟。我从他身上也学到了很多东西。其实海生在小品创作上也是很在行的。我看过他写的小品《没有星光的舞台》，反映农民工参与修建国家大剧院，农村媳妇来探望，那种劳动者的自豪、那种对未来美好生活的憧憬激动人心、对夫妻恋爱过程的回忆和当今幸福生活的甜蜜给观众送去了温暖和情意。最后媳妇在舞台上的歌声感动了剧院管理，把全剧推向高潮。我以为这个小品基础很好，只要稍加调整，安排合适的演员，再邀请有经验的导演精心排练，一定可以成为上春晚的佳品。唉，谁能听咱的嘛！只好关起门来吐吐槽而已。算了，听天由命、顺其自然吧！

是金子总会闪光的，辽宁卫视《组团上春晚》栏目联系海生，邀请他和他的师妹、师弟组团参与比赛。他们的第一个小品《多大点事儿》获得评委和观众的高分夸赞，直接进入前八。在八进四的PK中，他们演出的小品《有理难辩》同样获得好评，却没能进入最后的决赛。要知道这可是在小品重镇表演呀，权当一次展示能力和学习的机会。海生豁达，认识不少喜剧精英是他的意外收获。

说实在话，喜剧类节目的创作是很难的。海生常常为一个结构、人物关系与情节发展、细节设置和选择、性格与语言的走向等大伤脑筋。有时他为了一个笑料包袱可以通宵达旦。喜剧是把无价值的撕破了给人看，就是讽刺，讽刺什么及度的把握都须认真考虑。喜剧的表演更须在人物性格的基础上夸张变形。过度用力会使人物失真，变成彰显演员个人能力的秀场，那叫出力不讨好。与此同时，演员若掌握一些技巧会使人物更加生动耐看。就像卓别林，虽演的是默片，但其是世界上永远令人怀念的喜剧大师。

哦，海生还创作了一部电影，反映扶贫干部的，这是他自己生活的写照。政府曾让他驻村一年精准扶贫，虽然解决的问题不多，但为他的创作积累了不少素材。导演让他出演角色，扮演村干部，哈哈，这成了"村长"演村长，不演都很像。只要一露脸，众人全笑场。嗨，拍不成了！

我想说，一个小地方的业余作者和演员，就像一朵野花，虽然无法和牡丹、玫瑰相比，但顽强的生命力自有独特的美丽和幽香。村长呀，再小的官也是官，享受自己的奋斗和乐趣吧！

豆豆

一般来说豆豆不会是大名,也有例外,上海有位男性舞蹈家就叫豆豆。我要说的这位豆豆是小名或爱称,朋友间比她小的叫豆姐,大的叫她豆妹。有时候她和密友互称"菜姐""菜妹",开始我不理解,后来知道了:哈哈,一对吃货嘛!

你可别轻看了豆豆,她曾是大军区文工团的一员,这可不是一般随便什么人都能进入的,长相、身材、能力缺一不可,用现在时髦的话说,好家伙,清一色的帅哥靓妹。不过,部队文工团是为兵服务的,你得在冰天雪地唱歌跳舞,要登山爬坡为边防哨所的指战员送去欢乐,甚至得有十八般武艺、说学逗唱样样精通,派你参加小分队去慰问偏僻小岛上的守疆战士。在这个队伍里成长应该是一生的荣耀。不论你原来是什么出身、什么来头、什么性格、什么学历,你必须成为服从命令、服从指挥、服从纪律、服从集体的普通一兵。豆豆当不例外。

她在这里除了学到很多表演技艺，也促成了自己大度宽容、克己复礼、忍辱负重和端庄文雅的人格魅力。这为她以后的为人处世打下了很好的基础。

服役期满，豆豆复员转业到了公安系统。军人当警察挺合适，稍加培训就可适应任何岗位。只是豆豆若当刑警须配一彪形壮汉保镖，以确保制伏顽敌，因为豆豆身体有点柔弱，她无须动手即可，哈哈。还好，上级安排她参加了警官艺术团。豆豆如鱼得水，才华得以施展。主持报幕是她的特长，大小活动都得出席，慰问基层派出所，警民心连心活动，系统内部各项比赛，参加市大型晚会，等等，这种忙碌让豆豆的工作充满快乐，也让她各种类型的主持技艺炉火纯青：会议的严肃点，晚会的轻松点，联欢的即兴点，专题活动煽情点。主持人的掌控大局和随机应变是她能力的最好体现。

剧场也看中了豆豆的主持能力，于是我也慢慢了解了她。豆豆结婚了，有个男孩。豆豆的爱人是位相声演员，且是名师之徒。有意思的是她爱人也是一位颇具名气的主持人。说实话，这种夫妻档的主持人剧场平时演出都舍不得使用，只在重大节庆活动中加以安排，以示隆重。他们配合默契、情感交融，使整场活动高端、大气、上档次，受到各界朋友的夸赞和欢迎！

让人万万没有想到的是豆豆还会说相声，而且是逗哏，这非常不容易。我心里想："你是豆豆，可不是逗逗，哪能说逗就逗呀！"要知道，在全国范围内，女的说相声极少，扳着指头数都能数出人来。这事我曾请教过高人。人家告诉我："首先，在幽默感上男女之间有差异，男人稍强些。表现在相声中，就是在'说''逗'上女演员比较难于驾驭，掌握的不是很好。'三年胳膊两年腿，十年练不了一张嘴。'为扬长避短,常常以'学唱'来代替'说、逗'。长此以往,路子越走越窄。其次,内容上的差异就不用说了,大多以男性为主。有好多段子女人演不了。包袱上也是一样,伦理哏的,打哏的,还有少部分的'荤口'的东西,女人不宜。再次,形象上的差异。女演员大多漂亮、光彩照人,既不敢使相儿,也鲜有自嘲者。自嘲是幽默的最高阶段,也是相声演员博得观众好感的最佳手段。年轻的女演员使这类包袱,就差点儿,放不开。"

高人的话好像有点道理,但我以为有点旧,就是没能与时俱进。幽默感可以培育,与文化和修养有关。女人演不了的段子放在今天,男人最好也别演。至于使相儿和自嘲,关键是度的把握,优秀的女演员完全能够掌控。我期盼相声作者多出好作品,为相声女演员彻底改变相声历史多做贡献。在这里必须赞扬豆豆,她和爱人的师弟合说的相声《望夫成龙》以及返场小段《葡萄树》就相当精彩,深受广大观众的喜爱。

豆豆多才多艺,在剧场她演过哑剧《候诊室的故事》,而且还演到了美国和加拿大。在联欢会上唱过日文歌曲,味道相当正宗,虽然听不懂内容,不知唱的什么,但非常优美悦耳。豆豆的母亲是戏曲研究院的教师,兄弟是小有名气的影视演员,爱人是优秀的相声演员,可以说她家是文艺之家。豆豆爱这个家,她相夫教子。儿子也很可爱,小家伙画的画获过奖。这就是豆豆,不争不狂,低调平和,尽情享受着自己的恬逸生活。

人的一种偏爱到了痴迷的程度,上了瘾,成了生活中不可缺的部分,养成了不假思索自然而然的习惯,用现代时髦的话说叫"控"。如我抽烟就这样,称为"烟控",倒是我控烟还是烟控我就说不清了。据我所知，豆豆是著名的"麻辣火锅控"，百吃不厌。多年来到底进出过多少家火锅店，怕她自己都记不住了。但是你如果想品尝哪一种风味的火锅就一定要咨询豆豆。她会热情地为你介绍和推荐：什么地方有什么店，调料是否齐全，环境是优雅还是嘈杂，服务态度好坏，等等。若你是她的好友，不妨邀她一同前往，你会省去很多绕街串巷的时间。若喜欢热闹，得你应允，她会为你约上几位能说能谝、能喝能吹的高手为你助兴。当然，最后你买单。豆豆认得一些老板娘，会给你打折的。虽然说得有点夸张，哈哈，大概如此。

豆豆还有一"控"，就是"自拍美图控"。一般小女生都有这种"控"，豆豆虽是年轻妈妈，童心犹存，那是一种自信，是对生活的热爱。手机自拍很有意思，不能太过随便。我没有拍过，当在镜面看见自己的苍相悲从心来，顿时了无兴味。我在朋友圈里看见过豆豆的自拍照，清纯无邪，妙不可言，美眸一瞪，嘴巴一噘，既有警官的威严，也有向往青春的俏媚，再加上美图秀秀的功能，添上眼镜和猫须之类的点缀，便给自拍增添了游戏的乐趣。

其实，豆豆挺辛苦，除了上班参加演出以外，她要管好家里的两个孩子：大孩子是爱人，脾性似孩童，任性牛犟，不太好管理，得顺着来。小孩子是儿子，正在上学，聪颖懂事，时刻得操心其学习。豆豆尽心尽力，是位模范的贤妻良母。我想说：豆豆，自己也要多保重，火锅也别太"控"，适当空一空有好处。祝福你永葆青春！

孟老

称他孟老有点夸张。他六十多岁很精神,都叫他孟老师。人们很容易记住他,因为他的形象非常有特点,浓眉大眼宽鼻子,脸微黑偏棕,笑纹慈祥,一头披肩发,充盈着潇洒酷帅的艺术气质。猛一看会以为是阿拉伯人的后裔,其实是汉族。孟老倒是说他夫人可能是波斯人之后。这族谱查起来怕就太麻烦了,不知道DNA能否帮上忙。

孟老和夫人是在县剧团认识的。他们都是台柱子,一个乐队一个演戏,珠联璧合结为夫妻。后来他们有了孩子,儿女双全不亦乐乎。只是他们工资微薄,难以承担家庭开支,加上剧团演出也不景气,于是多年之后夫妻双双把家还,开始了民间走穴,不求富裕但可温饱度日,苦点累点倒也快活自在。女儿长大了,儿子长大了,受家庭熏陶都喜爱文艺,这也为孟家班演出队的诞生打下了良好基础。

我在剧场认识了孟老师。每当他演出总是

提前到，万一路堵电话告知。他总是早早地就做准备，头发梳理脑后扎辫，服装穿好，把上台用的乐器统统调试一遍，然后挂在自己制作的架子上，静候登场表演。孟老首先演奏小号。擦拭锃亮的小号随着他的气息和按键飘出动听的乐曲。这声音、这律动的节奏感染着观众，一曲终了，掌声爆响。人们心想这老头怎么有这么大的肺活量。接着孟老师演奏锯琴。现代年轻人几乎没见过拿手柄锯当乐器的。他调整锯弓弯曲度在拉弦的配合下演奏悦耳的乐曲《甜蜜蜜》，真可称为绝活。最后他站立着用二胡演奏名曲《赛马》，生动的姿态和激动的情绪加上大屏奔驰马群的配合，令观众如临其境。难怪有位朋友对我说："孟老师这种又吹又拉的花式乐器表演让大家看得真是赏心悦目！"

　　孟老师会开车，听说是自学成才，胆子很大。有一次晚上他单独利用导航行车去外地演出。后半夜仍不见他归来，家人打他手机显示关机，非常着急。家人通过微信朋友圈发动大家帮助寻觅，就差电告公安出手了。亲朋好友一夜未眠。天亮消息传来，演出临时改在第二天。按理孟老师应及时告知家人，可这老先生一路行车累了，忘了这事，手机一关睡了。儿女知情后无语。他们知道老爷子脾气犟，不会轻易认错。倒是夫人在他回家后指着他鼻子叹息道："唉，你呀……"孟老师嘿嘿一笑，此事了之！

　　说起孟老开车是很有趣的。我坐过一回他的车。当时去农村惠民演出。大致路线孟老知道，经常下乡会记得一些路线，但农村面貌变化也大，为保证不走错路打开导航。孟老应用导航绝对是行家，是一位时髦的老者。开车后孟老对我说："我开车你放心，想睡就睡一会儿。"于是我闭着眼眯起觉来。不久，我迷迷糊糊地听见孟老在和一个女人吵架，睁眼一看车里没别人呀。哦，老爷子在和导航女主播隔空打嘴仗。导航："前方一百米，十字路口左转。"孟老："胡说，前边修路咋左转？老子偏端直开，你能把我咋！"导航："请稍候，正在调整路线。"孟老："哈哈，你慢慢调去，没功夫等你。"导航："调头，靠右直行。"孟老："调头？把你美的，目标在前头调啥头？调你个头啊！"导航半天不言语，孟老急了："咋不言传了，说些！他奶奶的，叫你跟我犟！"这老头是急脾气，连喊带骂好不痛快，其实不是生气，就图开车快乐。你别说，小车东拐西绕左转右行还头一个到达。孟老师有点得意："咋样？咱先到了。嘿嘿，我来过，路熟！"嗨，这老爷子，太好玩了！

　　孟老不光开车，还喂过马。马是儿子买的。儿子能折腾，说是马可供游人花钱骑着玩，这项差事全权交给老爷子负责。孟老闲不下来，小时候怕也是儿童多动症患者，老了依然。于是先铡草料喂马，给马喂水，牵马遛弯，给马洗身，收拾马粪，还要和马建立感情。待客人骑马时，他得牵护着防止意外。半夜须起来照看，以免有人偷马。钱没挣下多少，养马人累病了花了不少钱。当然了，这匹骏马也有露脸张扬的时候。儿子结婚设计策划为古代汉式婚礼。孟老会木工活，把一辆旧马车修缮一新，用彩带装扮。车前高头大马披红戴花驾辕，孟老衣着更新牵马引路，车上坐着身穿古汉服的新娘和伴娘。这倒新鲜有彩，老公公亲自出马喜迎儿媳，从娘家沿着古都的街巷在洋鼓洋号的音乐声中一路走来。这穿越让市人惊羡，这情景也让在场的我看得目瞪口呆。此刻，孟老在鞭炮声中微笑，老人家是累并幸福快乐着！

　　有一天在微信朋友圈里看到一条消息：热烈祝贺孟家班蔬菜乐队成立。所配照片显示正是孟老一家人，有老两口、女儿、儿子、儿媳和孟老的徒弟及学生。这很别致，能把蔬菜整出动静是要费一番心思的，南瓜、黄瓜、胡萝卜、山药、葫芦等得掏空固化，经过加工处理才能成为乐器，要找出音律就更难了。到底怎么回事不方便打听，他们也不说。要知道那可是商业秘密。我见过乐队演奏，挺有意思，蔬菜部分作为打击乐是可行的，小南瓜当木鱼、小筛子里放绿豆当沙锤就很有创意，如果配上锅碗瓢盆就能形成打击交响乐了。这个乐队引起了有关电视台的关注，参加过央视和地方台农村文艺栏目的录制播出，就连瑞士国家电视台也专程采访。其中孟老是主将，他穿着燕尾服，面带微笑让老外也感到亲切。

央视的一个人文栏目决定为孟家制作纪录片，分上、下两集，导演的设计很特色，从家庭日常生活入手，围绕事情的不同意见展示每个成员的性格。没有剧本，简单商议便开拍，让电视观众的感受是真实的。这个难度就大了。好在是艺术之家，个个都是演员，特别是孟老，就连表演和夫人争吵都显得非常生动自然，决无做作透假之处。导演看得入迷，都忘了喊停的指令，可见老爷子的功力了得。我看了央视的播放，孟老一家人忙忙碌碌，其乐融融。老爷子直爽倔强，透着秦人冷幽默的性格，别具风貌。用年轻人的时髦话说就是：这老头可爱得不要不要的！

真的可爱，有一次孟老夫妇在剧场演完要走。夫人正和几位演员话别，孟老等急了，喊着夫人小名："小霞，小霞，小霞！"夫人没听清，老爷子突然喊出："哎，娃他妈，你把你当谁了？喊你半天不答应，张得没领咧！"在大家的笑声中他自我解嘲：嘿嘿，逗她耍哩！

哈哈，孟老，孟老师，人老心不老，开车慢点跑，天黑不远行，别和导航吵！祝万事如意！

干儿

他是我的干儿子,不认都不行。一次朋友聚会,他喝多了,当着众人的面将我扑倒,强迫要拜我为干爹,推都推不开。那真是惨不忍睹,外人还以为这小伙儿要当众强暴我这小老头。宴席散后,有人开车送我们回家。我在副驾驶位坐着,他坐我身后,一路上他把双手搭在我肩上,不停地摇晃,不停地叫干爹。同车人都乐了,直摇得我头昏眼花,叫得我耳鸣嗡响。我只好央求道:"别摇了,我把你叫干爹行了吧!"

不要以为他是开玩笑,这小子挺认真。在他生日的聚会上手捧鲜花,跪膝行礼,终于感动了我,于是他成了我的干儿。这个干儿志向远大,自命不凡,称自己为宇宙之子。他说他和别人不一样,对于世间发生的好多气象常有预感,或是托梦,或是暗语,没有理论推测,没有逻辑分析,就是知道了。他说是天意,是宇宙用一种看不见、摸不着的神秘方式给予他的传递。我笑而不语，对他的说道表示不屑和怀疑。可我不得不认可，这个干儿我行我素，天马行空。他是幸运的，他像宇宙中的一粒小行星沿着自己的轨道悠然前行。

这小子有天分，在音乐方面悟性极高。他能极好地调控身体中的音响系统产生共鸣，把一首歌唱得舒心暖胃、动人肺腑。他多次参加比赛均获大奖，并被各地和中央电视台相邀录像播出。名声大了，他常被一些文化艺术协会请去参加亲民惠民活动。也难怪，他在一个公职单位的艺术团担纲独唱，唱出市、唱出省、唱出国那是家常便饭，就连一些大头头也喜欢调他随团全国巡演歌泽天下。

他是回族青年，个子不太高，很匀称，浓眉大眼，穿戴随心所欲，无甚讲究。头发浓密，发式由情绪而定，时而烫染修剪，时而蓬头遮面。胡子也变化无序，留长美髯，短则仁丹。总之一句话：帅哥一枚！父母走得早，他靠姐姐、阿姨照看成人，性格随和，少刚富柔，不惧艰难，韧劲儿十足，不达目的绝不罢休！他和不喜欢的人无言，与亲者长舌多语。

我这干儿胆大心细。记得他和我一起出国演出，同居一室。我的牙出了毛病，有一颗牙部分掉瓷形成尖凸，说话吃饭均刺疼舌头，烦恼失眠，饮食无味。他说他能治，我茫然，张大嘴瞪大眼，有病乱投医，无奈亦无畏，心想：唉，我的儿呀，交给你了，且看你动何妖术，干爹全当看一回吹牛是如何不上税的！这时候他没有白大褂可穿，像个便衣大夫，问道："血压不高吧？"我"嗯嗯"点点头。他还问："心脏跳得正常不？"本来跳得正常，他这一问我觉得不正常了，赶快摇晃脑袋"嗯嗯"起来。这家伙不理不看，从包里拿出指甲剪，说是到洗手间给"医疗器械"消消毒。手术开始，我躺床上，他用两张面巾纸分别塞入我尖牙的两侧，告知这是防止出血。我闭眼不敢看了，任他整吧。他不言语，慢慢操作。我感觉牙上有动静。几分钟以后他说好了，去漱漱口，说话试试。呀，真的治好了，不疼了。我忙问怎么治的。他说：指甲剪上带一个小锉刀，是修指甲的，用它锉一点牙尖就行了。哈哈，这么简单，亏这小子想得出来！

有一阵子他抑郁了，闭关在家。他断了一切和外界的联系。隔了数日他用手机自拍，在微信上发了照片，乱发乱须不修边幅，猛一看还以为是个疯子。打听后才知心情不好，他给单位请病假，休养调整。我猜想核心原因有两点：一，这小子看不惯社会上不良的人情世故。他性格倔强，爱憎分明。一些人名利熏心，拍马奉承，他不说，又不和人交流，憋在心里怄气，酿成内分泌失调，精神就有点错乱。二，年近三十，同行中男性成父，女性生娃，他仍是光棍。加上姐和阿姨催婚，荷尔蒙被激活，内心燥热。说实话，这两项叠加足以把一位正常人搞不正常。但宇宙之子非常人，他抑郁一周便恢复常态，融入世间凡界。

我受他家人的嘱托，也催问过他的婚事。他说："不用着急，吉人自有天相，宇宙之子的幸福上苍自有安排！"嗨，这是啥意思？难道这家伙又有什么预感？难道宇宙红娘会为他定制一位外星美女与他婚配？等着吧，唉，皇上不急太监急，就是操心也是瞎操心。说来也怪，后来发生的事说是宇宙关怀，那是玄幻唬人，倒是有贵人相助开启了我这干儿子的新生活！

情况是这样的。他随团去加拿大温哥华慰问演出，受到华人社团的热烈欢迎。团里有两位老总和华人社团的朋友很熟，圆满完成演出任务之余组织了旅游参观和小型联欢聚会。在这些场合，我干儿应众人要求唱歌。特别是那首藏族民歌《卓玛》，他唱得声情并茂动人心魄，再配上柔美的舞蹈动作，大家情不自禁地鼓掌和欢呼赞赏。与此同时他也深切地打动了一位美女的芳心。喜欢宇宙之子的两位老总看出端倪，交换眼色，抓住战机，遂当红娘，用最短的时间做通了方方面面的工作。其实，这两位大龄男女早在头次见面便已一见钟情，只是心照不宣，等人戳破窗户纸而已。哈哈，这真是"踏破铁鞋无觅处，得来全不费功夫"。干儿得意了，他说："干爹，咋样，我说不用急吧，这都是宇宙安排好的！"

很快他们结婚了，美女是加籍华人，就是办手续费了一番周折。婚礼举办了两次，中加各一，在西安这一次按女方要求，西式摆设，请来电视台著名主持人任司仪。简单礼仪之后是喜宴，不像中餐那么浪费，西餐是牛排、糕点和红酒，很浪漫。有趣的是新郎新娘坐在台上和台下嘉宾对着吃，他们的吃相就像表演，大家看得乐不可支。

时间过得真快，他们有孩子了，是女儿，长得胖乎乎的。这么说来我也当干爷爷了，真替干儿子高兴。不过他的路还长着呢，先要定居加拿大，再找工作，多挣钞票，照顾妻女，还要学好外语。但是这一切对他来说都不是事，很快会适应的。我相信宇宙之子有上天护佑，无论在宇宙何处都会自由自在幸福快乐的！

干儿呀，最近又有一颗牙齿疼痛，你何时能来再给干爹治治？心里话，想你了！

大狗

大狗是小名,至今我都不知他的大名叫个啥,认识他很偶然。那一年我在铜川帮文化馆的一位朋友搞演出队,节目排好后准备在剧场售票。因特殊情况将日子提前,中午饭后所有的票都未卖出,还在朋友手中,晚上咋演呢?正在大家着急时,从门外进来一个人,脸上笑眯眯的,手里提着小包袱。我的朋友顿时来神,击掌呼道:"哎呀,就等你来呢。"遂介绍说,这就是铜川赫赫有名的大狗!

大狗是个做小生意的,没有门面,没有助手,东西南北,独来独往,贩过鸡、卖过布、倒西瓜、换外汇,还在庙会上摆摊卖过蜡烛和冥币,赚钱不多,辛苦异常。用他自己的话说:"嘿嘿,跑着呢!"这不,刚跑完布头的生意便到演出队歇脚来了。大狗原来说过山东快书,月牙板打得不错,嘴皮子也挺溜,就是上台没正形,吊儿郎当的,不像演员像闲人。我的文化馆朋友跟他很熟,开门见山请他帮忙,让他想办法把当晚的戏票推销出去。大狗是生意人,张嘴便问:"嘿嘿,咋算呢?"我以为说的是黑话,其实是问卖出的票钱按多少比例提成。朋友说三七开,你拿三。大狗嫌少。朋友说六四,你拿四。大狗把嘴一撇:"都这个时候了我得拿六。不行去球,你们另找高人。"朋友无奈只好认可。如果到此为止你便小看了大狗。他有绝的,让朋友先把提成的钱付给他。朋友说:"你一张票还没卖,哪来的钱?再说也不知道你能卖出去多少张,怎么算?"大狗说:"你先把钱垫上。卖不出去的票算我的。一张票五块,我拿三块。一共八百张,三八两千四,我先拿一千二。六点结账,多退少补,行了吧?"话都说到这种程度,我朋友不再纠缠,边掏钱边骂:"你这个狗东西,我算服了你了!"

大狗出发了,时间是下午三点半,离六点只有两个半小时。我劝朋友另想办法,哪怕不要钱请人来看,总比卖掉几张票空着场子强。朋友说,现在不敢请,大狗把票全都拿走了,万一他卖光了就惹事了。还是等到六点再说。大约在五点四十,大狗回来了。从他脸上根本看不出票情。他一句话不说,进门先上卫生间,尿完了又接着喝水。我朋友急了,忙问咋样?这时候大狗笑了,他已经把票全都推销出去,但是没有收回一分钱现金,全都是打的欠款白条。他说他从出门开始,沿着铜川最长的一条街,挨门逐户去宣传,是单位找领导,是商店找老板,是学校找校长,是工地找经理,没有介绍信,全凭嘴一张。他说这是上级指令要看的晚会,哪个上级他没敢胡说。是歌颂英雄的专场,什么英雄他没敢瞎编。票很便宜,不用付现金,白条上盖个章就行,盖章不方便按个手印也算数。就这样一条街没走完,他的票已经完了。我的朋友听完这话,当时就懵了,这能把钱要回来?大狗说,没问题,拿上条子天天去要。实在不行就把你们演出队带上,在他们门口唱歌跳舞说快板,再不给就和他们打官司,总有一天他们会给的。不过别忘了,票钱要齐了还得给我一千二呢!大狗说完提着他的小包袱笑眯眯地走了。这时候再看我的朋友,本来脸是黑的,现在像刷了一层白灰。

从此,我记住了大狗,这家伙太有才了。他跑来跑去的生活好像不是为了挣钱,就是为展现他的小聪明。他追求这种快乐,而且常常喜形于色地把快乐的过程讲给别人听。我听他讲过贩鸡的故事:那时候各方面管理比较松。他到陕西偏远农村,用极低的价格收购一些鸡,装进藤筐提前送上客运列车。凡遇阻拦他就送上一只大肥母鸡,于是畅通无阻地把客车端头的一个厕所改成了他的鸡库。他上锁后贴上写有厕所停用的纸条,便万事大吉,这趟车终点站是上海。

在上海的小市场,他找一处空地,用细绳子拴住鸡的脚。这些鸡经过长途旅行已经饿得无精打采。一位老太太看着他的鸡嘟囔着:"这怎么像瘟鸡呀?"大狗佯装生气,从随身挎着的背包里抓出一大把包谷撒在地上。这些母鸡争着抢着,活蹦乱跳,不一会儿就吃光了。大狗又撒一把,然后得意地用山东快书的语气宣传着:"当那个当,我的母鸡真奇怪,不给喂食就耍赖,吃饱喝足真气派,你掏钱来我就卖,当那个当……"他这一手还真管用。那个挑剔的老太太抢了一只最欢实的。围观的人也纷纷掏钱过秤,不到半天他的鸡就卖光了。大狗说:"上海人一点都不精明。包谷多便宜,被鸡吃了就卖成鸡价了。他们太傻了。"其实叫我说,大狗也够傻的,这一趟下来除了车马费只赚了不到五百元。可他高兴,图的就是小聪明给他带来的乐趣。

大狗有个弟弟，小名自然是二狗。二狗是当地小有名气的业余曲艺演员。有一次他带领一帮人组团走穴演出，其中也有我。他让大狗负责票务。到了一个针织厂，演出地点在大操场。大狗早上就从厂工会把票拿到手了，但时到中午他还在住地没动窝，一张票也没卖。我想他怕又要挨门逐户推销票，拿回来一堆白条给二狗吧！我想错了，他压根儿就没想卖票的事。他在琢磨另一桩生意。针织厂生产中有剪裁下来的布头，对外处理很便宜，论斤卖。大狗到工厂拿票时打听到这个情报，遂在房中用他的小聪明开始筹划。一块布头成本价两毛钱，从中间裁开可缝制两件儿童小裤衩。如果找家庭妇女制作费用不高，两件成品付四毛钱，这样算来一件小裤衩成本才三毛。如果卖出价是两块，便可净赚一块七，十件十七块，一百件一百七，一千件就是一千七百块呀，那要是一万件……大狗不想了，急匆匆地出门直奔针织厂。他买了十几包布头，装在了他弟弟二狗租来拉音响设备的货车上，让司机连夜送回铜川家中。等他把这一切都安排好了已经是傍晚六点半了。

操场大门没人管，好多观众提前进场，这时候大狗才搬来一张桌子在门口售票。人太多，买不买票他也不问，一门心思还在他的儿童裤衩上。演出完，穴头二狗非常兴奋，这么多观众让他在台上很是风光。一问大狗，才卖出去七张票，气得二狗直跺脚："哥呀，你可把我坑惨了！"因为这一行人一天的吃住和劳务费就得好几千。事后我听说，大狗的小裤衩也卖不动。因为量太大，他没仔细检查。结果请的那些老妇女忙着赶工多挣钱，制作太粗糙，有的裤衩没法伸腿，缝纫线把口都扎死了。

有一件事让大狗在铜川出名了。他办了一家托儿所，小孩早上送来，晚上接走，中午管一顿饭。他把午餐承包给了一个小食堂。他是所长，刚开始有十几个小孩。他雇了两位在家闲着的小姑娘当保育员。他交代她们的任务就是看住小孩，千万别出事，只要别碰着磕着就行，抽空教孩子们唱唱歌、跳跳舞。结果孩子们很快学会了小阿姨教的爱情歌曲和肚皮舞。为了扩大生源，每逢星期六下午放学，家长不用接，大狗所长给孩子们穿上小西服、小裙子，请来几个吹鼓手，用洋鼓洋号演奏音乐，一路上吹吹打打，沿着大街小巷挨个送小孩回家。很快铜川人便知道大狗开办了托儿所。

小孩都有从众心理，一个哭都哭，一个尿都要尿。大狗准备了一批痰盂，满足了孩子们的愿望。可到拉屎的时候遇到了麻烦，小阿姨给孩子们同时擦屁股有点忙不过来，常常搞脏孩子的衣裤。大狗买来两个新拖把，一个湿用，一个干用。孩子们拉完都把小屁股撅着，他采用流水作业，发出口令，指挥着两个小阿姨用拖把一前一后、一湿一干，很好地解决了这个问题。孩子们非常高兴，以为大狗叔叔和阿姨在跟他们玩游戏呢，时不时地就要求再来一回。这事不知怎么叫上边知道了。一检查，大狗的托儿所不具备办学条件，而且手续不齐全。于是托儿所被上级勒令停办。大狗哭了，不是为他的投资打了水漂，他是真心地舍不得那些孩子。孩子们也是哭着离开的。可见他们之间已经通过擦屁股游戏建立了深厚的感情。

大狗在继续着他的跑的事业。他这一次不是小生意，是大生意，不是贩鸡贩狗，而是直接贩人。并且他得意地告诉我，他现在是人贩子。他从新疆招来一批美女，大眼睛、高鼻梁、皮肤白白的，个头都在一米七五以上。这些姑娘不仅会说少数民族的语言，还会说汉语。大狗办了一个模特训练班，请专业老师作短期速成培训，然后送往广东、深圳各地歌舞厅。他接受托儿所停办的教训，这一回先办手续。管理费须交五千元。大狗当过演员，装可怜哭穷，说只有三千。文化局办事员同情他，先办了有关证件，让他有钱了来补交。谁知办事员认识他弟弟二狗，说起此事。二狗哈哈大笑，揭穿大狗去文化局的时候，身上装了一万块呢！

　　大狗训练模特非常认真。他知道一分钱一分货。模特除了脸蛋儿、三围和身材，还要有气质，能歌善舞的更能卖个好价。他请了专业教练，一天三趟功。这些美女也肯吃苦。她们知道现在学到的本事决定着未来收入的高低。不到十天，猫步走得洒脱自如，唱歌跳舞更是她们民族的特点。大狗有些亢奋，打点行装领着十几位美女登上了南去的火车。临行时他交代纪律，在外边不准说汉语，有事必须请假。大狗在长途电话中告知几位歌舞厅老板，他带往南方的模特是专门从俄罗斯招来的。南方歌舞厅的老板什么没见过，第一天看人谈价，第二天预付定金，第三天宴请大狗。等大狗酒足饭饱醉醺醺回到旅馆的时候，模特们不见了。大狗一惊，酒醒了。他不敢打电话问歌舞厅老板，怕他们追要定金，也不敢报案，怕公安局把他当人贩子处理。到天亮时仍不见模特，大狗慌了。三十六计走为上，他买了一张火车票回到了家里。他心里十分不安，怕模特出事给她们家人不好交代。他想了几天，便斗胆打电话询问新疆这些美女的家里。对方用不太通顺的汉语说："大狗狗，你把心放下。她们已经在歌舞厅表演，还寄回好多钱，谢谢你！"这时候大狗说："不用谢，这是我应该做的！"

大狗很少在家，春夏秋冬常年在外跑着。他老婆是剧团的演员，忍受不了这种寂寞，悄悄和团里的一位男演员好上了。大狗知道后很大度，和老婆离了婚。他还在前妻和男演员结婚的时候，主动送了大礼，一床非常贵重的毛毯。他对那个男演员说："我老婆，不对，现在是你老婆，她是个好人。你要好好待她，你要敢欺负她，小心老子收拾你！"

好久没有见到大狗了，他肯定还在什么地方跑着，只是年纪从小跑着跑着跑大了，但愿他的小聪明也能跑着跑着跑成大聪明。说心里话，挺想念大狗的！

蓓蓓

这是爱称,闺蜜和知心好友都叫她蓓蓓。我随大家不见外,也就这样称呼还显得自然些。她是专业团体的秦腔演员,国家一级演员。她自幼学习秦腔,主攻小花旦、刀马旦,扮相靓丽,嗓音甜美。

蓓蓓酷爱秦腔和地方戏,是位戏痴。多年来她演出的剧目有《挂画》《隔门贤》《杨七娘》《儿大不由爹》《赵氏孤儿》《双下山》《三堂会审》《会阵招亲》《八仙过海》《杀狗劝妻》《三娘教子》《屠夫状元》《卷席筒》《迟开的玫瑰》《大树西迁》等,尤其以在《悟空借扇》中扮演的铁扇公主而饮誉内地及香港地区。蓓蓓先后获陕西省首届艺术节青年演员大赛一等奖,西北五省区"太阳杯"邀请赛表演一等奖,陕西省"易发杯"青年演员大赛一等奖,中国戏剧"金三角"交流演出表演一等奖,首届中国秦腔艺术节表演一等奖等多个奖项。她还被授予"陕西省青年表演艺术家"称号,多次参加中央电视台春节戏曲联欢晚会,并赴芬兰、荷兰、德国、比利时等国演出,深受好评。

后来,蓓蓓携秦腔传统折子戏《杀狗劝妻》《鬼怨·杀生》和新创剧目《虞姬泪》在河南平顶山市演出,三场折子戏让戏迷们深刻地体会到了秦腔艺术的细腻婉转和魅力。她饰演的虞姬,性格中有柔情也有刚毅。剧终定格的虞姬自刎一幕,更是让人荡气回肠。而《杀狗劝妻》则是一出具有喜剧风格的动作戏、技巧戏。她凭借极为精彩的演技惊艳全场。最终,蓓蓓以此获得了中国戏剧"梅花奖"。

但是,她有了如此的成绩却并不满足。她领衔主演了秦腔《玉堂春》。这是蓓蓓摘得"梅花奖"沉潜六年后首次主演大戏。演出后,著名京剧表演艺术家、京剧大师荀慧生的关门弟子、"荀派"传人孙毓敏向蓓蓓授牌,正式收她为徒,将她纳入"荀派"传人之列。孙老师表示,看了蓓蓓的演出,觉得是个好坯子。"荀派"注重表演,而蓓蓓的表演生活化、个性化、趣味化,又富有时代感和幽默感,这么优秀的演员,当然得收。虽然她演的是秦腔,但在演出时能运用"荀派"的原理、技巧,这样的跨界无疑将更加精彩。

其实我是戏曲艺术的门外汉,之前对于蓓蓓的了解大多是朋友的介绍和查看了一些资料。不过,我看过她演的《杀狗劝妻》《三堂会审》《迟开的玫瑰》以及《大树西迁》等,感觉她的确很有才华。我特别喜欢她饰演的《杀狗劝妻》中的妻子。一个被批判的人物被她演绎出了喜剧色彩。那种掩饰、那种撒娇、那种憨赖、那种认错,让观众看得乐不可支。我们小剧场曾邀她演出,由于乐队问题不好解决而作罢,实在是一大遗憾。我和她熟识是从她当主持人及表演小品开始的。电视台戏曲大赛决赛须集体主持。根据内容，主持人要设定戏中人物，不断换装和改变情景，即兴表演很多。蓓蓓很出色地完成了任务。电视台的春晚小品《美容店的故事》邀请她出演主角。她的表演很到位，就是很多动作总是多少带有戏曲亮相的痕迹。这倒有趣，反而给人物增添了另类的风貌。

蓓蓓在生活中非常低调，骨子里却有着独特的不服输的气质，看不惯倚强凌弱的人和事。听说有一回她为此罢演。幸亏她不是主角。事后团里令其当众检讨，她不动声色地念稿过关。蓓蓓对待自己的戏曲事业是非常专注的。她从不关心也不过问其他闲事，尽量避免说三道四，惹出一些让人烦恼的是非。她对待朋友很实诚热情。若邀她演出，只要不影响团里活动，她一般都答应，从来不提费用多少。因为唱戏就是她的最大乐趣。

蓓蓓的心思全在戏上。其实她完全可以在影视剧方面追求更大的发展。她身材苗条，长得也很漂亮标致。很多剧组都找过她，看中她的形象和气质。据说她也去试过镜，但最终未能成行。因为她不想离开钟爱的秦腔事业，哪怕是短期的。这要是别人可能早就经不起名利的诱惑转行了。可见蓓蓓对她的所爱是相当专一的。

好多人都说她性格肉，就是做事特别慢。有朋友调侃她，说只要是有她参加的演出，如果接人的车来了，那么不用扳着指头挨个点数，只需看蓓蓓到了没有。若她到了，人便齐了。若她没到，须电话催促，否则就耐心等吧！开始我不相信这是真的。但有一次好多演员聚会，在朋友家里做饭。大家分工齐动手。蓓蓓也主动要求帮忙，她被分配剥蒜。只见她先洗手，用毛巾擦干，戴上一副塑料薄手套。当时我有些疑惑，这样怕不方便吧。嗨，各人有各人的习惯,把活干完就好。炒好的菜陆续上席。等到掌勺的人喊着"蒜、蒜"时,再看蓓蓓面前只剥了一粒蒜。呀,这也太慢了。有朋友笑道:"我的神呀,真是个肉肉!"我猜想,她不是慢,是分心了。恐怕是一边剥蒜,一边在默戏,手上的动作恰和眉户"梁秋燕"挖野菜一样。若真如此,这倒是情有可原了。

我曾经感叹急性人的不宜,写了一段微信。蓓蓓知道后,要我传给她。内容是这样的:"蔫人乱谈:慢,一定要慢,今天事明天办。刚才雷鸣电闪,稍等云开雾散。走得慢,呼吸不喘,吃得慢,细嚼慢咽。说话更要慢,不把错误犯,别人不爱听,哪怕说一半。想一想,算一算,兔子急,寿命短,匆匆忙忙就玩完儿。乌龟慢,活万年,消消停停多行善。心放宽,味求淡,日子有限,慢可延缓,信则灵,不信试试看!"蓓蓓看完后,回复微信点赞,夸我写得好。我想,这怕是正符了她的心意,为她的肉劲儿找到了支持的力量吧。可蓓蓓也太肉了,她的这种大慢会让一般的慢人都能变成急性人的。因为谁都会有忍无可忍的时候,哈哈!

蓓蓓是位贤妻良母,除了演戏就是相夫教子。她爱人是陕西省戏曲研究院小梅花秦腔团的小官,整个身心都扑在了工作上。她支持爱人,担当家务,从接送孩子上学直到把孩子培养成大学生。有一个阶段,由于家庭开支紧张,她还抽空经营过一个小饭馆。我和朋友应邀去光顾过一回,饭菜质量口味都挺好。她不收费,没敢再去。怕熟人、朋友都如此这样,那会把饭馆吃垮的。后来听说因地段有些偏僻,她和爱人又没有多少时间管理,于是关门了之。白辛苦一场,没赔没赚,只是人生多了一种经历而已。

蓓蓓常常胃不舒服。这是一般演员的通病,作息时间毫无规律，饮食又极不讲究，饱一顿饥一顿，冷餐冷饮凑合过活，再加上排练和演出繁忙，没有时间调理身体，久而久之必然积劳成疾。她去医院检查，被告知须动手术。于是开刀缝针，虽无大碍，却多少伤了些元气。按理说应该休养疗伤，蓓蓓却在排练场恢复胆气。她要让自己的状态保持良好，要确信自己还是那个唱念做打俱佳、英姿飒爽的文武名旦。

蓓蓓呀，悠着点，量力而行。千万别和自己较劲，也不与别人争什么高低上下。做喜欢的事，吃可口的饭。多保重，不能再瘦了，起码保证大风吹来还能立稳，嘻嘻！

老头

老头姓王,一般人尊称他为王老师。有些熟人好友叫他老头。他比我年长几岁,我叫他老王。这个老王绝对不是大家说的那个"隔壁老王"。他既不风流,也不风骚,决无绯闻,非常本分随和。老王遇见陌生人是话不投机半句多,看不顺眼懒得说。老王很可爱,习惯有点怪,八旬不服老,干啥都很快。这个快,不符合他的年纪,却和他的经历密切相关。

老王年少时就参了军。我不清楚是什么部队,也没问过他。我只了解,他年纪小,有点文化,便当了文书。部队给其他战士发的都是钢枪,给老王发的却是一支钢笔。别小看钢笔,那时候是俏物。枪是人人扛,笔只是老王有。老王很骄傲,故意把钢笔放在上衣胸前口袋且露出笔帽。他常在人多的地方走来走去显摆,也常常用钢笔做诱饵换别人的钢枪玩。大家都拿他当小弟弟,也就随他要横调皮。有一天枪声四起,敌人偷袭,老王不知所措。有一战士告诉他:"你没有枪,也不会打,钢笔不顶用,快找地方隐蔽。"情急之下,老王钻进远处的玉米秆垛中藏身。等过了好长时间,听不见枪声了,他才慢慢爬出。他前后张望,周围没有任何动静。后来他才知道战斗早已结束,敌人被打跑,大家还到处找过他。从此这事便成为众人笑谈,也深深伤了老王的自尊。大家再也看不见他把钢笔别在上衣口袋了。

在部队生活什么都要求快,起床快、集合快、吃饭快、撒尿快,睡觉也得快。老王习惯成自然。现在老王除了那些原有的快以外,我还发现这小个子老头走路也特别快,我要跟上他,还得不时地小跑两步。其实上面说的这些快,全不算什么。我最钦佩的是他才思敏捷,文学艺术作品创作快,而且成功率极高。尤其是他擅长的曲艺、快板、戏剧、诗歌,可以说是信手拈来、华彩成章。

老王和我是几十年的老交情。我就是吹捧谁,也不吹他。这老东西太低调,吹他白吹,他当耳旁风,吹假了他逆反。他只享受自己创作天地的乐趣。早年参加全国大赛,他创作的表演唱《打扑克》获得了极高的声誉。记者采访,各省代表队纷纷学习,他轻描淡写地把功劳记在别人身上,说是大家演得好。有一次大赛闭幕,领导让我代表所有参赛演职人员讲话。讲可以,得有稿子。我有自知之明,说些不疼不痒的大白话没意思,但要精彩我没那个水平。于是,我便求助老王动笔。他二话不说,短短几小时便一蹴而就。我一看,呀,真是了得:诗情浓韵、朗朗上口、朴实幽默、动人心魄。我的发言完毕掌声雷动,稿子被新华社记者要走。我知道这是老王的功绩。我夸他:"你这老头才华横溢呀。"他微微一笑:"嘿嘿,全是你念得好!"我在他前胸轻捶一拳:"哈哈,你这老家伙,还给我来这个哩格咙！"

　　这就是老王。他是神人，因低调而无名。在我心目中他是一位非著名的创作大师。多年前我在电台开办"广播剧"栏目，每星期播3集，全年要播140多集。剧本咋办？我约请了近20位作者开会，理顺纲目，分工协作，每集稿费50元。开始还行，台领导夸赞，听众反应热烈，每周能收到一大麻袋表扬信。后来，大部分作者才思枯竭，且因报酬太低，只有老王和个别作者坚持。最后，算下来老王一个人就创作了80多集。直到现在还有人对我说，他小时候在农村是听大喇叭播放的广播剧长大的。我有时候纳闷，老王这脑袋不大，怎么就装了那么多杂碎：天南地北、鸡鸣狗叫、喜怒哀乐、锣鼓鞭炮，剧情跌宕起伏，人物活灵活现。后来我明白了，他整个人就会创作，对其他任何事都不感兴趣，甚至有点儿不近人情。有朋友给我讲过这样一件事。他接到电视台的一个创作任务。突然有一位多年不见的老朋友来访。他热情地接待问寒问暖。谈着谈着客人觉得他有点走神。客人忙问："老王，有事吗？"他说："没事，我去给你倒杯水。"老王离开了。朋友好长时间不见他返回。谁知他出了家门，在一条小路上转悠。这时候，老伴回家见到老朋友，忙问："老王呢？"客人答："老王说是给我倒水去了。"老伴奇怪，水瓶就在家里，这是去何处了呢？客人很尴尬，忙托词告别，说以后再来拜访。老王终于回家，老伴问怎么回事。老王这才如梦方醒："哎呀，忘了忘了，我在外边转着想事呢。人走了？怪我，怪我！"老王是真忘了，从和客人谈话走神开始，他已经进入了他的创作世界。一旦进入创作状态，他便会旁若无人了。起初听说这故事我不信，以为是想拿老王开心而编撰的。后来我知道是真的了。有一次在招待所开创作会,晚上我们在我的房间商讨小品。两人说得都很兴奋。我正在讲自己的想法时,他起身离开了。当时我想,他可能是回自己的房间取东西。因为不论喝水,还是上厕所,在我的房间都可解决。我等了半个小时,还不见他回来。我想去找他,因为开会的人多,不知他住哪间。于是,我又等了好长时间,心想算了,也许他有其他急事,明天再说吧!第二天中午,见到他一问,才知他回房间去构思,然后早睡早起,已经动笔有了初稿。哎呀,这老头我算服了。这也太神了。我想,可能是这样:他头脑中有两个世界,一个是他不可改变的现实世界,他看、听、闻、想、思考、分析、判断、结论;另一个是他搭造的创作世界,他可以拟定人物性别和性格、安排人物关系、制造他们之间的矛盾,帮他们解决之间的冲突纠葛。在现实世界中老王是被动的,他无能为力而精神恍惚;在创作世界中他是主动的,随心所欲而亢奋自在。老王常常需要在两个世界穿越,就像一只蜜蜂既要采蜜,又要在蜂房中酿蜜,最后的蜂蜜滋润了好多人间男女。

老王送我一本他的诗抄,是他多年诗作的集锦,写人绘景、情深意切、韵律平仄、如歌如述。《初春》:"几树嫩黄映堤外,谁家新桃出院开。难得春风织锦碧,借来紫燕巧剪裁。"《戏孙》:"人在黄昏偏爱晨,为赏花香不掩门。过眼云烟挥它去,只留欢颜与稚孙。"太多了,美妙的画面、世态的感悟、老头的情趣,一切跃然纸上。老王还为很多单位写了歌词、朗诵诗、表演唱及小戏小品剧本。他最拿手的是快板快书,执笔创作了快板《好人严平安》。作品歌颂了一位老人的高尚情操,非常感人,在全国比赛中获得了大奖。他的对口快板《画像》加进了漫画和戏剧元素,并取得巨大成功,作品在全省大型晚会上表演获得夸赞和嘉奖。最难能可贵的是只要有人找上门来求助创作,他从不拒绝,而且不提报酬,绝不敷衍应景,绝不旧作翻新。他总是追求新的样式,新的惊喜。还没等求助者反应过来,他的大作已经奉上。我说过,这个老头不是一般人。他有点像搞"哥德巴赫猜想"的陈景润。老王弄的是"悲欢离合理想"。一个在数字大海中游弋,一个在喜怒哀乐中舞动,都有自己的佳绩,都在创造着自己的人生。他们还有一个共同点,就是对生活细节全然无知。如果没人照顾,姓陈的数学家羞于见人,怕连挂面都煮不熟。老王肯定比老陈强。老王自己不做,他会拿钱去买着吃,花言巧语哄店家屁颠屁颠供出美食令其饱腹。

老王年岁已高。长期的糖尿病也让他烦心,但他在老伴和儿孙们的照料呵护下还算神采奕奕。我想劝他放下创作,又不忍心好作品的消失,只能对他说一句:老伙计,慢一点,力所能及地写一写。别老在家门口的小路上转悠,常随着老伴和儿孙去外面的世界看看。要听话,福寿康宁!

化武

他出生于1969年年底,青年尾声,长着一副娃娃脸,细皮嫩肉,几十年面不改相。周围朋友叫他老武就有点滑稽,不是因为年龄,估计是性格,少年老成,总觉得他在为"十万个为什么"找答案。其实他叫化武。

他是本科学历,中国戏剧家协会会员、中国戏曲导演协会会员、陕西省青联委员、陕西省戏曲研究院青年团艺术指导、国家二级导演。他曾在省戏曲研究院第八期演员训练班学习表演专业,后从事导演工作,并赴上海戏剧学院导演系进修。他于2014年进入陕西省百名青年文学艺术家扶持入选人,2014年9月参加中国文联第六期全国中青年人才(编导)高级研修班学习,同年10月赴上海参加中国文联举办的舞台艺术制作人学习班学习。2016年,他参加文化部"千人计划"传统戏曲高研导演班学习。

多年前我就熟识化武。那时他是演员,在《曲苑杂坛》我们一起演出带有戏曲味的喜剧小品《棒槌排戏》，他扮演孙悟空，一招一式勾画出一个活脱脱的猴王，以童子功亮相舞台，小翻、旋子、后空翻，加上"剑入鞘"的技巧，他的表演深受观众欢迎。后来他在央视又与搭档一起陆续推出《胖姐与靓弟》系列小品，还有说唱《越变越年轻》等等，展示了他在快板、舞蹈、魔术、演唱方面的才华。可见化武是位多才多艺的小能人。他在剧场演出把《西游记》中唐僧与悟空的一段戏用单人说、唱、舞表演出来，也广获好评。

化武是专业的戏曲演员，主要以武戏、猴戏见长，主演猴戏《闹龙宫》《悟空借扇》《两届山》，武丑戏《三岔口》《蒋平捞印》《扈家庄》等。他因扮演的孙悟空舞台形象备受欢迎而被观众誉为"西北美猴王"。他参加了许多重要的活动：赴京参加秦腔经典折子戏专场演出，反响强烈，时任国家领导人马文瑞特邀他及部分主演到自己家做客；代表秦腔首次赴香港参加中国戏曲节展；赴香港参加秦、汉、晋剧种展演，在折子戏精粹展演《悟空借扇》中扮孙悟空；赴香港参加梆子戏展演；代表秦腔首次赴德国、比利时、荷兰、法国、意大利进行文化交流演出，在《三岔口》中扮演刘利华；代表秦腔首次赴台湾地区进行文化交流；赴日本进行文化交流；随中央电视台《曲苑杂坛》剧组赴加拿大进行文化交流。与此同时，化武还获得了许多的荣誉：在《悟空借扇》中扮演孙悟空，获陕西省首届艺术节青年演员一等奖；在由中国戏剧家协会陕西分会、中国电视家协会陕西分会、陕西秦腔艺术研究会、陕西电视台联合举办的西北五省电视新秀大赛中获"公主杯"一等奖；获西北五省电视大赛"咸阳杯"一等奖；获《金延安》首届秦腔老、中、青十佳演员青年青春奖；在由文化部举办的中国戏曲"金三角"交流演出中，获表演奖；在《三岔口》中扮演刘利华，获纪念振兴秦腔十周年陕西省"易发杯"大赛一等奖；获省文化厅、省广播电视厅、陕西电视台联合评选的观众喜爱的百佳演员。

化武非常勤奋。演员出身的他投入创作，为自己打开了另一条路子：由他编剧、导演的戏剧小品《老城根》在中国文联、中国剧协举办的第三届"中国戏剧奖小戏小品奖"中获小品最佳剧目奖。该作品参加中国艺术节暨十五届群星奖评选，获群星奖。同时，参加"天穆杯"全国第二届新农村、新文化、新风貌小品展演，获优秀剧目奖；参加由中央文明办、中宣部、中国文联举办的全国第七届四进社区优秀作品展演获优秀节目奖、优秀导演奖。化武编导的小戏《老爷子、小孙子》在"浪诸文化杯"小戏小品大赛暨第四届"中国戏剧奖小戏小品获"中获三等奖。化武创作的小戏《老爷子、小孙子》《推磨》，小品《搀扶》《原来如此》等荣获省戏剧大赛优秀剧目奖、优秀导演奖。

化武转行了，由演员转入导演工作。经省文化厅批准剧院推荐他赴上海戏剧学院导演系进修。回院后，他从场记、副导演、执行导演做起，逐渐成长为一名合格的导演。化武不负众望，至今创作大戏近十台，小品、小戏近十出，执导的国家级、省级大型综艺晚会十余台。真的不容易，有专家说过：戏剧导演艺术是以文学剧本为依据，以演员表演为主体，运用和组织各种艺术手段，在舞台上进行二度创造的综合艺术创作活动。戏剧导演艺术的主旨在于把文学性剧本内容转化为活生生的演出形象，使之和谐、统一、风格完整地展现在观众面前。不同戏剧观念的导演，对待不同的剧本，采用不同的处理原则和方法，创造出不同的演出形式，以达到其预期的演出效果。简括地说："导演艺术就是创造演出的艺术。"在导演执行演出工作时，导演艺术便发挥其将文学转化为舞台艺术形象的桥梁作用。因而导演除熟练掌握导演艺术的技能技巧外，须具备较高的思想境界。导演应以明确的世界观作为认识生活、认识艺术的基础，对剧本、生活、人物须能做出正确的理解和评价，并能做出更新更深的解释，在深刻的剧本分析基础上进行构思、拟定导演计划和指导演员排演，并在实际排演中，用高度的创作热情，积极引发演员和参与创作的全体有关人员进行创作实践。演出本身综合了文学、绘画、音乐、雕塑、建筑等成分和演员的表演以及舞台灯光，但它不是混合体，这一切因素均需严格服从统一的演出目的和整体的思想艺术构思。在艺术的综合体中，各艺术成分必须失去其相对的独立性，以演员的表演为主体而构成更完整的综合艺术，从而导演艺术便获得新的独立意义和新的品质。中国的戏曲演剧传统是融歌、舞、乐、诵于一体的舞台艺术，其本身先天具有综合艺术的形态和特色。

哈哈，说起来容易，做起来难。这对化武来说是考验，头大了，娃娃脸长出了八字胡。他用热情追寻着梦想，努力着。他所取得的成绩是安慰，是他应该得到的回报：他执导的秦腔经典剧目《王宝钏》获陕西省第三届艺术节导演奖，同时获第二届中国秦腔艺术节导演一等奖；参与导演的《迟开的玫瑰》《大树西迁》获国家舞台艺术精品剧目奖、"五个一工程奖"、文华奖、中国戏剧奖等十余项荣誉；参导的秦腔历史剧《雀台歌女》获西北五省区秦腔艺术节剧目奖；在陕西省第七届艺术节，他执导的大型秦腔现代戏《金果梦》和大型陕北道情剧《书匠》均获剧目奖，他个人荣获优秀导演奖。另外，还导演了其他戏和一些晚会：眉户剧《会师前夜》《巧儿新歌》、秦腔历史剧《陇上铁汉》《邓训》、话剧《绿梦》、舞台剧《抗日虎子》、大型梆剧《半边莲》等，移植的大戏有《梨花情》《徐九经升官记》，曾担任国家舞台艺术精品剧目《迟开的玫瑰》《大树西迁》数字电影执行导演工作。2016年，他执导国家艺术基金资助项目青春版《迟开的玫瑰》。他还执导了中国文联、中国戏剧家协会举办的纪念毛泽东同志在延安文艺座谈会上讲话发表73周年，中国戏剧家走进延安大型主题晚会，执导了中国第五届秦腔艺术节开幕式、陕西省政协纪念建党75周年主题戏曲晚会，连续执导剧院迎新春大型戏曲交响音乐会及各类主题晚会十余台。

　　了不得呀，化武，步子迈开了就要走稳当。祝福你：不负使命，推陈出新，继承发展，前程似锦！呸！

第五季 青春闪光

胖子

当今社会胖子特别多,我估计这是生活水平和科技水平大大提高所产生的后果。生活不用说,各种可供进口的食物应有尽有,生的、熟的、炒的、煮的、蒸的、卤的,想吃什么有什么。吃货天堂,难抵诱惑,营养超标,不胖才怪。科技与胖看起来没有多大直接关系,但是,随着科技的进步,一些产品,比如手机,几乎在代替人们的一切活动,人们坐着躺着,不用跑路把事情就办了。吃好了不运动,就只有发胖了。何况还有啤酒之类的东西催肥,不胖都不行。女人知道肥胖影响健康和美丽,跳舞、美餐、节食、减肥等等,胖了瘦了来回折腾。男人无所谓,听天由命了,反正不能亏待自己。

我说的这位胖子其实不算太胖,中等身材,只是脸大,肚子大一点而已,饭量不小,喜食肉,喝酒还行。叫他胖子是因为他比周围的人在宽度和厚度上大一圈。我认识他是在剧场,他开始是主持,后来演小品、哑剧,表演能力非常强,在语言、表情、动作上一看就是非常老到的演员。我这才知道他有着十分丰富多彩的演艺经历。

胖子告诉我,上中学时他人很瘦,常被别人欺负。他性耿直,就靠打架树威,不爱学习,却非常喜欢文体活动。十五六岁他就到娱乐场所担任嘉宾主持,这一当就是好多年。他几乎跑遍全国,除了几个稍远之地未去,如西藏、新疆和东北。这期间胖子有了很多收获。我为他做了一些小结:其一,单枪匹马,独来独往,自己管自己,天南地北的美食把他从瘦子变成了胖子。其二,各地的娱乐场所大同小异,演出套路也相差无几。老板为省费用,减少人员,要求主持人必须参演各类搞笑节目。没有什么规范,也无严格的剧本,胖子的喜剧思路因此打开,上千场的锤炼使他的创作和表演能力有了极大提高。其三,挣钱不少,开销也大。他演出各类节目所需要的服装道具完全自己准备,老板不负担。胖子演过古装小品《太后吉祥》,他扮慈禧。跳过男扮女装的芭蕾小品《天鹅湖》,他演胖天鹅。在反映陕北边区战斗生活的情景剧《延安颂》中,他演国民党军官。还演过鬼子大佐、翻译官、汉奸、土匪,等等。最后,胖子有了一堆属于自己的财产。我见过六七个大包和纸箱的服装、道具,有清朝皇服和顶戴花翎,有八路军、国民党军队及日本鬼子服装,有大刀、长枪、短枪、长矛等等,全是木头的。胖子拟把这些赠送给剧场,却一时派不上用场,再放久了就成垃圾了。唉,可惜,胖子的心血呀!

他是朝鲜族人,能歌善舞是本色。胖子他们家庭是世代中医。学过一段时间中医,号脉、推拿、拔火罐略会一二。不过这太与其性格爱好相左，于是放弃。

电视台开办栏目《碎戏明星班》，采用比赛形式推出明星。胖子应邀担任评委。他一下子忙起来了，与评委会成员一起商讨程序、比赛规则、比赛形式与内容、评分标准等等。为提高收视率，评委须参与助演。胖子如鱼得水，充分发挥和展现了他的才能，编演了许许多多的小品，既搞笑逗趣，又有丰富内涵。栏目火了，他和其他几位评委的知名度也大大提高。谁知几年下来正当这节目深受观众关注和欢迎的时候，不知为什么被突然停办。胖子因此好多天想不开，一下子瘦了几圈。好在他能吃能睡，慢慢缓过劲来，元气上升、胖度依旧。

在剧场胖子表演的哑剧《候诊室的故事》堪称一绝。他不说一句话，靠神态、动作和表情把观众逗得哈哈大笑。特别是他的眼睛一睁一闭、一瞪一收、一笑一怒、一斜一正，塑造的人物活灵活现，可怜、可爱、可悲、可笑。当最后一声枪响误中自己命根的时刻，观众爆笑，掌声满堂。这时他在滑稽的音乐声中双手捂裆，踉跄下场。众人却依然欢乐，就差让他返场了。后来，这个哑剧在喜剧表演协会的大赛中荣获优秀节目奖，胖子获得唯一的最佳男演员称号。这个节目在央视《笑星大联盟》中亮相，同样是获得了满堂彩。这时候的胖子好像又胖了一圈。紧接着，他出国了，随侨办和公司组成的艺术团慰问美国、加拿大侨胞，同样的节目让海外的乡党们痛痛快快地乐了一回。

胖子也拜我为师，但我实在教不了什么，仅是出出主意罢了。他为了拓展艺术领域，开始学习表演相声。相声这门艺术很怪，入门的门槛很低，但是说好了相当难。于是他当捧哏先试试，好在逗哏的搭档有丰富的表演经验。胖子在网上搜出一些名人名段，仔细地研究模仿，从中慢慢找出一些规律，在舞台上大胆地摸索和实践。哎，你别说，基本成功，看得过去。这胖子还真是天生搞这行的。他很聪明，有悟性，经过一段时间的磨合实练，俨然像一名老相声演员，长衫一穿，身上来电，松弛自如，适度紧慢，把控节奏，着实舒坦。

对于胖子来说，相声算是客串。他是演喜剧的天才，在荒诞古装小品《铡美案》中扮演的秦香莲相当出彩，分寸把握适度，人物可亲可爱，给观众留下了美好的印象。剧场排演大型喜剧《杠上开花》，胖子扮演痴迷麻将的"月月输"。这个人物一开场就因输牌要跳楼，众人劝解无果。有人知其毛病，将麻将桌置于楼下，三缺一诱其下楼，仍然无效。待老婆上阵，故意将牌势透其观察时，他立马在高处尽心指点。关键时刻他终于痴心不忍，急促下楼，奔到桌旁，且亲自摸张，由于是自摸炸弹大和，兴奋中的"月月输"近乎疯狂。在音乐声中胖子跳了一段滑稽舞蹈，既表现了人物内心的喜悦，也使这场闹剧有了一个开心逗乐的收尾。你不得不赞美胖子，在表演人物的准确性，语言包袱尺寸的把握，动作表情幅度的处理，舞蹈优美和不协调造笑的统一等方面，将多年的表演积累融合一体，在人物身上得到了淋漓尽致的体现。可以斗胆地展望，只要有合适的机遇，他将会走向更加高端的艺术天地。

果不其然，胖子和师兄、师姐去辽宁卫视征战《组团上春晚》栏目时，他们的表演得到好评。这不算什么，胖子开始挑头拍电影了。说容易，上下嘴唇一碰就有了；想也容易，几瓶啤酒下肚，脑袋晕乎乎，想到哪儿算哪儿。真正做起来就太难了：首先是剧本，得讲一个好听的故事,而且必须是独特的。作者要有灵气,有厚实的生活经历,具备明晰的大局观,当然创作经验丰富更好。其二,做好预算,钱从何来。要量力而行,不可盲动,否则会后悔的。其三,建组和确定演员要慎重,人品、艺品应多加了解,以免开机后惹出祸端。其四,开机必须果断,认真仔细,分工明确,绝不能懒散拖拉。其五,后期制作务必精心,提前做好宣发工作,以利收获全胜。说心里话,我参与过一些电影和电视剧的拍摄,见过不少剧组的工作状态。因为胖子在这方面还是生手,只是替他操心而已,但愿是鼓闲劲,操闲心。嘿嘿!

开机了,拍完了,电影《你就像一朵花》就等上映了。胖子及剧组人员的忐忑心情可以理解,自己的孩子要出生,期盼和祝福是必然的。我想说:胖子呀,毕竟是首次,无论辉煌还是平淡,胜不骄,败不馁,继续努力。拿出当年闯荡江湖的韧劲儿,一定会取得优异的成绩,我信得过你。哈哈,我等着!

孟二

孟二,这绝对不是大名,尤其女生更不行,不大好听。也不是小名和外号,是微信上见面就掐的密友调侃她的,意思是人姓孟,有点二。大凡说女性二,有几种不同的情况:其一,不明事理,大大咧咧,啥都敢说,啥都敢干,从不考虑后果。其二,谙悟道理,爱憎分明,心直口快,实话实说,从不讲究情面。其三,不问道理,重情深义,出言不悔,敢作敢为,从不分青红皂白。其实不光女性,我们所有人在不同场合、不同事件、不同氛围、不同情绪下都会表现出有点二。至于哪种二,随性而选罢了。

大多数情况下,孟二是第二种二。由于她在艺术上拜我为师了,所以我说说她也就无所顾忌了。孟二,哎呀,这么叫她我不习惯。算了,我就叫她小孟吧。小孟的确小,长得像小孩,眼睛大大的,透着聪明机灵,继承了父母的文艺基因,很早就能唱能跳爱表演,在学校时就已经是小明星了。后来,她随父母到各地巡回演出,也经友人推荐去一些娱乐场所应聘为驻场嘉宾。最初,她主要是唱歌。久而久之,她不满于此,便想转型做一名当今称之为"脱口秀"的喜剧演员。说实话,这个决定具有一定的冒险性,可能走红,也可能毁誉,特别是女演员。人们都知道,喜剧表演的审美效果是观众的笑。这个笑来源于演员表演的幽默和滑稽,而滑稽是产生爆笑的动力。这就要求演员在语言、动作、表情及其装扮和使用的道具上积极行动,大胆地夸张变形。同时,还要有能力把滑稽控制在人物性格允许的范畴内,尽量做到真实可信、独具特色、生动自然,才会消除观众的审美排斥。否则,笑的期盼会渐变为对庸俗表演的憎恶。在这里,不能不夸赞小孟的二劲儿。她表演上的二为塑造喜剧人物创造了条件,定位为傻妞,没有女性的矜持,梳着"一飞冲天"的羊角辫,架着一副黑框大眼镜,穿着土里土气的花裤子,讲着一口地道的陕北普通话,再加上一副极度自恋的审美姿态,笑星"孟娜丽莎"在舞台上亮相了。她成功了,终于由一位普通的女歌星蜕变成一位受到观众和媒体关注的女笑星。

于是,她参加中央电视台《神州大舞台》获年度总冠军,多次参加陕西电视台大型慈善晚会《朝阳行动》,受邀参加CCTV-3《周末喜相逢》栏目,受邀参加陕西宝鸡、汉中春晚,参加江苏卫视《我的笑星我的台》,凭借小品《我要当明星》在央视《周末喜相逢笑星大联盟》舞台上一举成名。她用陕北方言打造的经典台词,以及爆笑的表情、夸张的语言使之成为观众过目不忘的喜剧演员。前不久,她还受邀同师兄、师弟前往辽宁卫视参加《组团上春晚》的表演比赛,观众们夸赞不绝、好评如潮。

不知为什么，看了她的表演，会觉得叫她孟二挺合适的，不仅不怪，而且很亲切。她要不二，走不到今天。那转型的大胆、那表演中的自嘲、那藐视偏见的自信、那彰显个性的霸气，都是超过一般的二劲儿的成果。孟二出国了，随省侨办和集团公司组建的艺术团赴美国洛杉矶、加拿大温哥华慰问侨胞。远离故土的亲人们听到孟二的乡音欣喜若狂。他们用热烈的掌声表达自己内心的喜悦。中国曲协组团出访法国，孟二又应邀加入，在浪漫之都巴黎为远在异国他乡的同胞送去欢乐。

电视台开办了一个新栏目，名曰《开谝》，孟二应邀担任嘉宾主持。她和搭档除了主持，还要表演节目，讨论选题、研究程序、修改剧本、排练录像，很忙、很累、很光鲜，报酬却不高。正当节目反响热烈，打算改版录制新的内容时，孟二不干了。她的家和年幼的孩子需要她照顾。因电视台的事她推掉了好多演出，收入大幅度减少。她细心思量得不偿失，二劲儿上来，谁劝也无用。我看这回二得对，为了家庭和孩子站出来说个"不"，那是咱孟二的本色。

其实孟二是个通情达理的人，识大局顾大体，但首先必须自己想得通。孟二争胜好强，不轻易服输，喜欢和朋友互相调侃。她是我说的第二种二，小脑袋转得极快，反应机敏，小嘴巴似机关枪，开玩笑无甚顾忌。一般人怼不过她，甘拜下风。哈哈，了解她的人都知道她是"刀子嘴豆腐心"。虽然点到别人软肋，相当尴尬，但她嘻嘻一笑，了之忘之，性格使然倒也痛快。其中不乏爆出幽默话语，既调解了聊天气氛，也锻炼了随机应变的能力。这对她在舞台上的即兴发挥是极有帮助的，要不然她的表演怎能那样生动和谐。若不信大家可以试试这种开逗。我见过很多喜剧名家都是如此。但必须记住，只有知心朋友间可随意开玩笑，否则，会玩恼的，本来图开心，结果成伤心了。

　　表面上孟二给人的印象是除了演出就会玩闹，其他什么都不会。错了，其实她是穷人的孩子早当家，从小就学会各种家务，包括做饭，干活特别心细，而且有耐性，有创造。她可以很安静地做十字绣。这种活儿看起来很简单，学问却不少。孟二乐此不疲。她告诉我，十字绣是用专用的绣线和十字格布，利用经纬交织搭十字的方法，对照专用的坐标图案进行刺绣，任何人都可以绣出同样效果的一种手工劳动。刺绣方法简单易学，材料易买。在刺绣过程中，人们会沉浸在刺绣带来的乐趣中，不知不觉间就会忘却工作、生活上的烦恼。经过自己一针一线，日积月累，坚持不懈的努力，终于完成作品那一刻所带来的喜悦是什么也替代不了的。不再在乎老公脸色，你烦你的，我绣我的。两耳不闻身旁事，一心扑在绣品上。不再有闲心去关注老公那浑身毛病有多惹人厌，闭口不语换安宁。心静自然面色柔，老公看她越看越像真女人。呀，难道她在打磨她的二劲儿？真要不二，还是她吗？

　　你别说，她还真上瘾了。如今十字绣已经过时，她换成了串珠，就是把各种色彩的水晶、木头、塑料或玛瑙珠子用线串成饰品，可由自己展开想象的翅膀，做出各种赏心悦目的艺术品。串珠是立体的，比十字绣更加壮观生动，而且变化多端。有人出主意，让她开个微店，结果好评如潮。这真是出乎意料的另类收获。

　　在剧场演出的大型喜剧《杠上开花》中，孟二扮演了一位怀孕的大肚子青年妇女打麻将，二得没法说。人物塑造得可爱又可笑，给观众留下了非常难忘的印象。她很会演戏，特别是喜剧。从艺术的角度讲，我喜欢她的二劲儿。在平常的生活中，她时二，时不二，总是二着就太累了。用不二来调整生命节奏，也是一种艺术。可见孟二是具有高智商的聪明人。

孟二必须二，如果她完全不二了，生活和艺术上都成了一，成一般了多没劲。孟二呀，二比一好，就像一潭静水投入石子激起了波纹，有滋有味活自己。当然，万万不可像有些人那样变二为三了，是会遭人厌弃的。在这里，师父衷心祝福你活出二的精彩！

小齐

有一天,剧场后台来了一位年轻人,身材不高,偏瘦,长相不敢恭维。说他的脸是歪瓜裂枣,有点过分,一张喜剧脸很可爱。他不说话时,像个小可怜,一张嘴有点口吃。看着他面部表情的夸张变形,尽力顺畅说话时,你想笑,又不敢笑,怕伤他的自尊,但又的确可乐。他姓齐,说是喜欢曲艺,专门到剧场来义务干活和学习的,于是就留在剧场了。小齐很勤快,工作也很认真。谁都可以指使他帮忙,他办事效率也高,而且没有怨言。他和众人相处也十分融洽,很快就成了人见人爱、大家喜欢的宠儿。特别和年轻的演员在一起时,他童心萌发,喝酒玩闹身心愉快。

小齐参过军,当了两年义务兵。退伍前,部队考虑到他们这些兵今后的生活,培训他学过两个月的烹饪技艺。后来他初到北京时,在酒店还真派上了用场。但厨师不是他喜欢的职业。他成了北漂,干过剧组打杂,开过水果店,还南下广东做过酒店销售。所有这一切都是为了挣点钱，养活自己。但是，他有一个梦，就是要做演员的美梦。我怀疑他是吃错药了。就他自身的条件来说，这样的长相，谁敢用？这样的口条，哦，就是结巴得厉害，连一句台词都说不利索。他费劲儿，观众看着也费劲儿。还咋当演员呢？这样的梦想，也只能是白日梦！

小齐在后台领了劳务费，干着剧务的活，搬搬道具，挪挪布景，放放话筒，扫扫舞台，比较简单也不累。他从不偷懒，专注地盯着上下场的演员，默默地记着一句句台词，悄悄地模仿一个个动作。有时开演前他到得早，他在舞台上一边用吸尘器清理地毯，一边放声唱着逗乐的歌："不是哥哥不爱你呀，因为我是农村的啊，一年的收入只能养活自己，哪里有钱照顾你。等我奋斗到城里呀，开着大奔来接你啊，到那个时候把你搂在怀里，叫你一声亲爱的。"不知道小齐是从哪儿学的歌。他唱得无拘无束，不着调，还有点轻浮。本来歌词多少带一些伤感的味道，他却唱得开心欢乐，让人觉得这哥哥进城以后怕是回不来了。不过他唱歌不结巴。哎，对了，唱着说事，也许是他从艺的一条路子。真要全靠说，就可能是做梦娶媳妇，一辈子光剩下想好事了。

谁知道有天下午他找到我，说是练了一个段子，请我看看。他开始了，几乎没有任何表情，也没有任何动作，完全靠一张嘴在说，是一段单口相声，方言版的。我知道他在模仿一位姓方的明星。我有些好奇，也有些惊讶。他说得很顺溜，而且一句也不结巴。我真没有想到会这样。当时我结巴了："这、这、咋、咋、咋回事……"嗨，我这一结把他引诱得也结巴开了："这、这、这不奇怪，熟、熟、熟能生巧。"哈哈，这情景外人见了肯定会以为他在学我结巴呢!

有一次,一个偶然的原因,所有的节目都表演结束了,还不到晚会结束的规定时间。于是,负责人让他上台垫个场。他独自完成了五六分钟的表演,掌声笑声还算热烈。这可是他的处女作,不结巴不忘词,就相当不容易了。下台后他有点小得意。当别人夸赞时,他说:"嘿嘿,还、还、还、还算、哎、可以吧。"嗨,一激动就露馅了。怪哉,这很有趣,上台不结巴下台结巴,人多不结巴人少结巴。呀,没看出来这小子还有这能耐,是那种"人来疯"型的演员!

说是演员,其实还早,才头一回,接着发生的事令人大跌眼镜。一位表演"陕西乱谈"的演员说的故事很受观众欢迎,但单人表演的场次多了,也就不新鲜了。于是,他想把一些情景因素添加进来,这就需要一男一女扮演农村小学生。在众人的指导下,小齐扮演女生,戴上梳有两条小辫子的头套,穿上农村女孩子的花衣花裤,整个扮相让所有人都忍俊不禁,一出场便是碰头彩,顿时笑声四起,出场三次掌声阵阵。他成功了,充分显示了这位长得不起眼的小伙子潜藏着的喜剧表演天分。

小齐看起来是个没心没肺的人,无忧无愁,嘻嘻哈哈,笑点特别低。不管什么事,别人不笑,他都能笑起来,而且没完没了。喜欢别人请他喝酒,酒量不大,一喝就醉。他喝完了回家路上倒在人行道上就能睡着。就这样已经丢过好几次手机了。他会开车,有驾照,不知在哪儿学的。他没有车,替别人开车就一个字:猛!没有胆量你还真不敢坐。车技还不错。我坐过一次他开别人的车。我应他邀去他老家玩。农村的路坑坑洼洼,但他只看路不管车,遇见路面开裂既不减速也不踩刹车,小眼睛瞪圆,冲将过去。这时候才明白,他开车肯定是当兵时偷偷学会的,有一种勇往直前的气势。只是车主在另一辆同行的车上气得直咽唾沫翻白眼!

小齐单身。他说,结过婚又离了。我问,为啥?是感情不好?他说,不是因为感情。女的在东北,不愿意到西北。他又在西北,不愿意去东北。拖了几年便离了。两人常联系,还互相关心思念,但谁也没有再成家。

我问他:"既没有孩子,又单身,何不再找一个?"他说:"不了。我有个弟弟已结婚,可以为家族传宗接代了。我一个人挺好,吃饱了全家不饿,少操多少心!"说实话,我真是不懂小齐。也许他和那位东北女子感情太深。若是另外成家,既怕伤害别人,也怕伤害自己。要是那样,小齐呀,还真是个堂堂大男人。

小齐还是个不错的厨师。他学过,也干过。常听他评价酒店或饭馆的饭菜质量和味道,也听他吹嘘过自己的手艺,于是有人盛情邀他出场操办家宴。可惜我没有出席观看他的表演,也没有机会品尝他做的佳肴。只是后来听朋友替他宣传:真的不错,各种调料应有尽有,葱姜蒜花椒胡椒齐全,菜单念出来就像顺口溜:"宫保鸡丁、回锅肉,糖拌番茄、熘土豆,小青青相会白娘子,清蒸鲈鱼、排骨秀,醉大虾、烩三鲜,红白萝卜龙虎斗。"那真是色香味巨美,好看又好吃。可也有朋友不满意:小齐做菜油放太多了,锅里有,案上有,灶壁有,连地上都是油。他是大厨,只负责炒、烧、焖、炖、煨、煎等。得有三四位给他当下手帮忙,摘、洗、刮、切样样理顺。事后吃完他坐沙发上抽烟、喝茶像大爷,大家洗涮、收拾、清理带擦油、扫地,个个累得像孙子。

小齐看起来有点傻，可傻人有傻福。北京的一个影视公司要拍电影，到剧场挑演员，那么多帅哥靓妹没看上，唯独选中了小齐，并声言，包装推出。哈哈，这真是一步登天。小齐走了，怀揣他的演员梦，乐滋滋地登上了银幕，片子名叫《男二本色》。他是主角，很本色，二哩吧唧。他的长相成了优点。我是在网上看到的。有意思的是在镜头前他又有点结巴了，不是紧张，是导演安排的，说是人物需要，演得很真实。你说怪不怪，本来是缺欠的毛病，这时候，这场合倒成了绝活。别人要演就得故意，十之八九透着假。接着又拍了两部，其中一部叫《锅是铁》，小齐是配角。这让他有些失落。

前几天，小齐回西安拍戏。虽未见面，却听到他的消息，说是要自编自演自筹资金整一部自传体的电影。呀，这也太猛点了吧。小齐呀，别着急。你年轻，先准备着，江湖多暗礁，千万不要太冒风险。一旦你二过头了，可能一棒子下来就会把你打趴下的！

小齐呀，没有人像你在这么短的时间走得这么快。除了你的努力，你要感恩这个剧场。再往前，衷心地祝福你，一路平安！

红茹

省里要搞一台廉政晚会,导演令我创作小品《硬杠杠》。其中需一位女演员扮演乡政府负责人的老婆。这女人想通过丈夫走后门为其弟谋职,遭到拒绝后无理取闹,撒泼献媚,软硬兼施,活脱脱一个可怜又可笑的愚昧农妇。演出成功,荣获嘉奖,她在台上的笑与哭换来的是观众的掌声和广泛的赞誉。这位演员就是红茹。

也许很多人不熟悉她。她太低调了,但是,千万别低估了红茹。她是正宗科班出身,毕业于西安市艺术学校秦腔表演班,分配到赫赫有名的市三意社工作,行当主工正、小旦。她曾在《窦娥冤》《三上轿》《造甬记》《八件衣》《墙头记》《狸猫换太子》《我爱我爸》《少帝轶事》《小巷总理》《杀狗劝妻》《游园逼宫》等戏中担任主演,其中《斩窦娥》《三上轿》《造甬记》《杀狗劝妻》《祥林嫂》分获省"易发杯"大赛一等奖,获市"石榴花"大赛一等奖,获省青年演员大赛主演一等奖,"月季花"现代戏调演一等奖,获西北五省区秦腔名家"精品荟萃"主演一等奖,获省青年演员个人专场主演一等奖,获中国戏剧家协会第四届中国戏曲"红梅金花"称号,还获陕西省秦腔演唱大赛十佳演员奖。

红茹工中国戏曲旦行中青衣正旦,扮演的一般都是端庄、严肃的正派人物,大多数是贤妻良母或贞节烈女之类的人物。年龄一般都是由青年到中年,表演特点以唱功为主,动作幅度比较小,行动比较稳重。念白都是念韵白,一般不念散白,而且唱功相当繁重。当然有些正旦戏也是唱、念、做并重的。表演上要求目不斜视,笑不露齿,甚至袖不露指,走路也不能快走,要稳重安详,不管坐着、站着,或走路都要求一只手横着,捂着胸口和肚子中间的一块,一只手耷拉在身子旁边,而且永远要慢条斯理的,或坐,或走,经常要保持这种姿态。所以观众给青衣正旦起了个俗名叫抱肚子旦,这个诨名还是很形象的。另外,由于扮演的人物有很多都是属于命运不太好的,有的遭受遗弃,有的生活上很困苦,穿的服装也非常朴素,所以还有一个名称叫作苦条子旦角。哈哈,戏曲也太有意思了!当然,由于戏路较宽,红茹有时也客串小花旦,扮演年轻女孩。这对她来说是轻而易举的事,因为她在艺校练过。

红茹的表演非常细腻,心无旁骛地塑造了诸多个性鲜明的不同角色。她在演唱方面谙熟秦腔、眉户和碗碗腔的发声方法,唱腔委婉动听,深受广大戏迷喜爱。她是国家一级演员、秦腔艺术研究会理事、陕西电视台百佳演员,获西安市文联"德艺双馨"文艺工作者称号。同时她还是西安市首届青联委员。

我和红茹在一起演出过一个小品《采访的故事》。戏曲演员表演话剧小品都有一个适应过程,语言上的拿腔拿调和程序上的习惯往往在小品中带出来,从而降低了生动和真实程度。奇怪的是红茹太会演小品了。她非常自然,毫不做作,而且有喜剧表演的天分。这个小品讲述一位电视台记者到山村采访村支书的故事。村支书的媳妇热情好客,而且也想上电视。于是媳妇喧宾夺主。处处抢着发言,同时把村支书为大家不顾小家的事用发牢骚的语言加以宣泄,造成了极为强烈的喜剧效果。红茹扮演村支书媳妇。她塑造的人物快人快语,大胆泼辣,带有农村妇女清新的气息。这个小品的演出深受观众欢迎,红茹的表演起了决定性作用。说实话,她在小品,特别是喜剧小品方面拥有非常大的发展潜力和空间。其实,红茹还演过很多小品,如《考试》《醉了醒了》《深山访贫》《新柜中缘》等。她塑造的人物都很有特色,其中《深山访贫》还获陕西省第二届小戏小品大赛一等奖。

生活中的红茹喜欢热闹,笑点低,很开朗。有一次,她在剧场后台讲了一个笑话:大热天,一个老汉过马路,被自行车撞倒。老汉立马站起来,把骑自行车的小伙吓了一跳。小伙赶紧道歉说:"大叔,对不起。没事吧?"老汉说:"没事!"小伙说:"呀,大叔,你老人家身体真好,一下子就从地上站起来了!"老汉说:"哎,身体好啥呢。你不知道,这地上都烫成怂了。我再不起来,就成烤肉咧!"讲到这儿,正在化装的演员全笑了。就是这种性格,红茹被影视导演看中了,去拍戏。有一部电视剧叫《空巷子》,反映纺织厂工人生活的故事。戏中红茹扮演董春花。这个人物听风就是雨,瞎掺和、爱起哄,没心没肺,傻吃傻睡,好心办坏事,事过常后悔。红茹尽心尽力地表演,把这个人物塑造得有血有肉。红茹因此深受导演的赞许。

还有一部电视剧叫《你是我的眼》，很多当红笑星在其中扮演角色，有众人熟知的沈腾、贾玲等。这戏是悲喜剧，反映盲人的婚姻爱情故事。红茹应邀在剧中扮演环卫工人何大脸。这个人物是个热心肠，爱管闲事，大大咧咧，直来直去，形象胖乎乎的。我不清楚红茹是否为角色而增肥，反正这形象和人物何大脸倒是很贴切。她的表演很到位，为戏的喜剧性增色不少。另外，红茹还客串了一部电影，即以时代楷模汪勇为人物原型，创作的陕西电影《好人一生平安》。影片原型人物汪勇受邀来到了开机仪式现场。在接受记者采访时，他表示："我作为一位基层民警，要怀着满腔热血来为人民服务，做一名让党放心、让群众满意的人民公仆。"可见这部电影非常接地气。

我有点奇怪，红茹是戏曲科班出身，但她除了在戏曲表演上取得成绩以外，为什么在小品、影视剧上也能有所建树呢？那只能是她虚心好学的结果，还有就是她的热情。她在表演小品时，多次与著名的秦腔丑角演员合作，从中学到了喜剧的许多表演方法。当然，还有她本身的悟性和模仿力。当演员时刻做好准备，等待的就是时机了。再加上她自己的表现和别人的推荐，是金子总会放光的。

红茹会开车了，新手胆子大，敢上路，速度还不慢。道不熟，没关系，有导航。实在不行，停下来，下车打听问，再说还有警察叔叔帮忙解难嘛！这和红茹的演艺事业一样，有了基本的功底以后先上路，慢慢积累了经验，不明白问清楚，终究会路路通。在这里，我期盼红茹能给观众带来更多的欢乐和喜悦，祝福你一路向前！

吕林

  这个名字大家可能不太熟悉,双口吕,双木林,好记。吕林,长相一般,倒也耐看,中等个头,身体魁实。我第一次见到他是在剧场办公室。他为我和引荐人两位观众表演了一段节目。说的什么,因时间太久,我记不太清楚了,好像是关于"屌丝"的内容。当时吕林有点紧张。这很正常,我给一两位观众说也会是这种状态。当时,他的表演给我总的感觉是略显稚嫩。我谈了一点看法和建议,便与他握手再见了。

  哎,说再见还真是再见面了。大约一年后的一天,剧场安排了吕林的演出。主持人报幕,吕林的节目为陕派清口。吕林开场几句就引来了观众的笑声和掌声。他表演得非常沉稳,包袱笑料铺垫自然合理。他讲述小时候发生的故事幽默生动。特别是爷爷对待他和表弟的一段可谓精彩至极。吕林是这样表演的:过年了,发压岁钱,俺爷叫表弟:"你过来,一斤白菜一块钱,五斤多少钱?""五块!""呀,俺娃真聪明,给娃发一百块钱。"紧接着俺爷叫我:"你也过来,一斤白菜一块一毛七,三斤八两多钱?"不想给就算了,到我这儿白菜就涨价了?!

我真的没想到,吕林的表演进步如此之大、如此之快。于是他成了在剧场经常演出的演员,观众非常喜欢他。当然,从大的方面来说,吕林的表演形式归口于曲艺中的单人说表艺术。如果要细分就五花八门了,至于叫陕派清口,还是陕西乱谈,或是脱口秀有待商榷。因为任何一门独立的艺术必须有自己独特的束缚,亦即某种样式上的要求,就像芭蕾舞必须用脚尖来表演一样。不过,吕林可以不考虑这些,这些让专家们去讨论。表演的内容只要观众爱看,只要接地气,和老百姓心相通就好。如果说要更加完美的话,那么必须要有主题或内涵,要塑造有鲜明性格色彩的人物。唉,这话说起来容易,做起来是很难的。

和吕林接触时间长了,我了解到他的生活经历非常坎坷而有趣,完全可以作为他创作表演的素材。吕林年幼时聪敏过人,深受父母恩宠。父母寄望他长大成人能成为国家栋梁。可他心野贪玩,初中就辍学了。于是他胸怀豪情,开始闯荡江湖:先是到一个公司当保安,服装一穿,神采奕奕,心情好不舒畅。谁知当了三个月,公司破产了。吕林起步不顺,并未动摇他的凌云壮志。于是他到一家玻璃厂上班挣钱,干了半年稍稍心定,一张布告,工厂倒闭。吕林绝不相信自己如此命薄。俗话说事不过三。他满怀信心地走进沙发厂当学徒。在没有任何先兆的情况下,他进厂才半月,突起大火,把厂子烧得关门了。其实这些企业的破产、倒闭、关门之事与吕林没有半毛钱关系。可他却深怀内疚,甚至怀疑是自己与这些老板八字不合。唉，人在失意时总爱胡思乱想瞎琢磨。可接下来的事情对吕林却有所触动：跟邻村的一位包工头外出打工八个月，包工头骑摩托车肇事被抓。至今他的工资没有着落，看来是打水漂了。后来他加入某著名口服液公司，负责乡镇宣传。第二年荣升为宣传专员。同年七月，该集团一夜蒸发。据闻因口服液产品致人死亡。吕林自叹："唉嘘，命运多舛，因果循环，受人牵绊，不如自干。"

常言道：吃一堑长一智。吕林吃了多堑，智慧大长。跟着别人受制太多，于是，他想方设法自己整。他撸起袖子，挽起裤腿儿，步入建筑行业学习水电安装。天道酬勤，两年有余，他遂带一些工人另起炉灶，转战陕西各地市县。虽奔波挣扎，辛苦异常，大财未得，但他小富即安。此时他又借房地产开发之东风，在家乡经营起建材门市店，人称老板，自诩老总，赶赶时髦，笨狗扎个狼狗势，自娱自乐而已。哈哈，如此夸张调侃吕林，想必他不会生气，心里怕是美滋滋的！

命运掌握在自己手中，是最踏实的。生意做得顺风顺水，吕林心情大悦，身子也胖了一圈。他原来得体的衣服都显短小了。这样也好，倒是为平常不苟言笑的他增添了些许喜剧色彩。说到喜剧，吕林倒是有一些乡村情怀。他主持过简单的婚丧嫁娶仪式，中间会贯穿点民俗情趣和民间笑话，深受当地百姓的喜爱。于是有人怂恿他："你咋不去说相声呢？"哎，对呀，说相声多风光。吕林说相声是认真的。网上有大量的名家表演，他先观看、再模仿、找感觉、盼实践，进省城到一家相声社学习。谁知因他普通话说得不标准，没人乐意和他搭档。结果他被逼无奈，开始用方言表演类似单口相声的内容，这就是他现在的方言脱口秀节目。好在脱口秀是舶来品，没有太多的形式感要求，吕林的表演只要观众认可就行。"秀"即表演，是游戏，是娱乐。如何将娱乐升华到艺术层面，是需要吕林们发奋努力的。

有一天，我和吕林聊天。他大方地告诉我了一件让人吃惊的家事。他年龄三十多不到四十，却已经是三个孩子的父亲，老大已中学毕业。那就是说吕林不足二十便坠入情网，而且夫妻二人恩恩爱爱。当时正值吕林闯荡失意，特需媳妇安慰。于是"造娃"给了吕林新的活力。不过，不得不感叹，我的神呀，未到婚龄便入洞房，没有"营业执照"就开张大吉，"生意"还很兴隆。呀，这情种的胆子也忒大了，好在工商、税务不管，有关部门疏于监察，全家人成了"黑人黑户"，那孩子们上学咋办？哎，你别说，吕林命大福大。恰逢全国人口大普查，一切悬念均迎刃而解。现如今提倡二胎，吕林有先见之明，他早已三胎，嘻嘻！

孩子多了，负担也大了。吕林要养家糊口，就得拼命挣钱。好在他的建材店还算盈利，再加上他登上舞台表演也有一定的收入，日子过得倒也舒心。我问他，今后有何打算，他表示要多看书、多创作，把节目表演得更加精彩。接着，他给我讲了一个有趣的故事："有一位外地友人在我的家乡县城开了一家火锅店，生意极好。我和朋友们偶尔小聚，从来免单，断断续续一年有余。恰逢开店两周年，朋友们商量送礼以贺，遂决定由我赋词一首，由书协友人执笔，制成牌匾挂于大厅正中，既附庸风雅，又点缀门庭。我闭门苦思数日，文章竟成，众友拍手称快。即日挥毫，拿去装裱，装裱店主问讯尺寸几何？有兄弟打电话问火锅店挚友，友乃长叹一声，好意心领，装裱不必，房租到期，房东见财起意，自家打算经营，限三日内搬出。自古强龙不斗地头蛇,友失望至极,欲赴他乡另起炉灶!众人闻言,唏嘘不已,齐送我雅号调笑:好个吕林,夺命郎中也。遂决议,以后诸位小聚,若那家餐馆怠慢,可将此牌匾赠与主家,定让他风光不再,举步维艰!"

哈哈,一群阿Q的后人,背地里诅咒而已。此刻吕林长叹一声:"唉,江湖险恶,且须谨慎。我夺命,别人也会夺我命。得意时不可张狂,失意时万莫懈怠,老老实实做人,认认真真做事,健康快乐度日,全家平安就好!"我真的没有想到吕林竟有一番这样的人生感慨。不容易,太不容易了,一位出身农家的子弟,靠自己的苦斗,品尝着舞台表演的甘甜。我相信,吕林一定会取得更大的成绩!不过,我想叮咛一句:吕林,不能再生了,再生就第四胎了,那样会把你和媳妇累失踪的!

小伟

小伟是一位年轻的信佛居士,同时是活跃在文艺舞台上的优秀杂技演员。信佛乃善心寄情,杂技为养家糊口。杂技,杂指多样,技指技艺,即"各种技艺",是包括各种体能和技巧的表演艺术。杂技艺术中的很多节目是生活技能和劳动技术、武术技巧的提炼和艺术化。杂技艺术在中国已经有2000多年的历史。杂技在汉代称为"百戏",隋唐时叫"散乐",唐宋以后为了区别于其他歌舞、杂剧,才称为杂技。杂技包括力技、形体技巧、耍弄技巧、高空节目、马戏与动物戏等。中国杂技有严密的师承传统。于是,说小伟就得说说他家的主要成员:爱人程萍、程萍弟弟小雨、小雨媳妇莹莹,还有其他亲戚不再多说。反正小伟家是一个大家族,当然也收了好多徒弟,人数多时达10多个。

多年前这一家人从东北来到西北,在古城西安扎营安寨。因人生地不熟,一家人便靠杂技和魔术填饱肚子，清贫度日。几年后，他们小有成就，租了房，买了车。有窝好休整，有车利赶场。起初他们四处找寻演出场所，现在天天有商家相约，甚至一天三四场，从东到西，从南到北，有时清晨出发，半夜才回归住所，时而走高速大道，时而穿乡间小径。幸亏科技发展，卫星导航引路，酷暑严冬行头一套，人多人少照演不误，答应的事决不反悔，服从指挥无甚苛求。就这样短短几年，小伟的家庭团队在陕西演艺市场已得到认可。虽然他们是体制外的民营演出，却也得到了众多商家和观众的赞扬。

这是一个杂技世家，祖训牢记心头：台上一分钟，台下十年功。小伟从小就在杂技团学艺。杂技是以技巧为主，借物造型的综合艺术。杂技所具有的基本艺术特征有险、难、奇、美、巧。学习杂技关键在于着力解决杂技基本功，天天翻跟斗、拿大顶是少不了的。不久，他开始练习骑独轮车，场地没有就上马路，一骑就是几公里。小伟告诉我："那时候，马路上的人感觉很稀奇。有个骑自行车的人光顾看我了，没注意前面有条沟，一下就摔倒了，引起围观的群众哄笑。这人爬起来，气急败坏地冲我吼道：'哎，骑独轮车的，你有什么了不起？'"哈哈，当然了不起，独轮没事，双轮掉沟里了！说了不起，真是了不起，小伟为练独轮车，脚踝骨曾烂过好几个月。

小伟是个能人，团队所用的很多道具都出自他手。他还兼任团队导演，负责排练。外出坐车演出，他是司机。他单独表演手撕脸盆、身卧钉床和参与钢筋缩骨的演出，有时还客串小丑。有一次驻场演出，住的是单元房上下铺，棚顶挂的是大叶片的吊扇。小伟到上铺去拿东西，结果脑袋不慎被电扇叶片打了个大口子。小伟到诊所缝了八针。因无人顶替又合同在身,晚上演出他戴了顶帽子上台,用超人的毅力忍着疼痛完成了演出任务。连商家都为此深受感动,夸赞他真是个铁人。

小伟在剧场演出的时候,我们一起聊天。我从中得知,他们这种文艺个体户是非常困难的。生活完全靠自己,万一生病就没有收入,还得花钱进医院看医生,感冒发烧就硬扛,多喝水发发汗,捂着被子睡一觉。多亏年轻身体底子好。唉,太不容易了。小伟家的老人远在东北,身边还有小孩。这要放在一般人身上,早就愁死了。可小伟不同,他是居士,其亲弟弟是南方某寺庙的方丈住持。耳濡目染,他清楚地知道,肩挑重担,必须先苦其心志,劳其筋骨,饿其体肤,空乏其身,行拂乱其所为,所以动心忍性,曾益其所不能。小伟是乐观的。他领导的团队在努力着。只是他自己过于深沉,面相略显老气,哈哈!

小伟虽然能干,但他一切得听媳妇儿程萍的。程萍的爷爷是杂技人,传到她爸爸再传给她。程萍的父亲对杂技表演要求非常严格,不管谁在台上出错,下台就是一顿臭骂。经过他锤炼的团队养成了严谨的演出作风。程萍更是精益求精,处处严格要求自己,特别看不惯糊弄别人的行为。有一次在外地演出,经纪人欠他们的钱蒸发了,而且带走了演出剧照。程萍和小伟到处找不见人。小伟自认倒霉,劝程萍算了。程萍不听,她通过各种关系,终于找到这个经纪人住的小区,几单元几层几号。经纪人不在,程萍和小伟对他的家人说是朋友,然后用这家的电话联系上这人。这人一看都找上门了,急忙回家奉还了钱款和演出剧照。这就是程萍,用智慧和行动教训了一个骗子。这事儿要靠小伟那只有后悔的份儿了。

程萍在剧场表演了一个新节目。在神秘的禅乐伴奏下，她利用羽毛和棕榈树枝，表演了一出惊心动魄的平衡术。她先将一根羽毛放在一根树枝上，然后再将这根树枝连同羽毛放在另一根树枝上，以此类推，共有十几根树枝相互叠起。令人惊奇的是表演的最后，她用一根粗树枝将这十几根的树枝撑起，并且，不借助任何力量，一叠树枝和一根羽毛达到了平衡状态，屹立不倒。当把羽毛拿掉的瞬间，整个叠在一起的树枝便轰然倒塌。此刻，观众用掌声和惊叹对程萍的演出表达了由衷地祝贺，同时也感受到了羽毛平衡术所蕴含的禅意。当然，程萍也离不开小伟的帮忙，小伟负责收拾道具和接送。

程萍的魔术表演也非同寻常，巧手老道，变幻奇妙。有意思的是她教授弟弟小雨也开始学练这项技艺。其实，小雨十六七岁就已经随小伟骑独轮车了，后来又跟着小伟学会了很多小丑所必会的各类杂耍，再后来学魔术。学着学着小伟和他姐程萍成了两口子。小雨也学着姐和姐夫找了跳舞的莹莹成了两口子，于是得分家了。分家是分家，团队不分开，表面上小伟是领导，实际上程萍做主。

小雨到底年轻一点，对什么事都感兴趣，喜欢玩，是网络游戏的行家里手。每一种杂技、魔术的套路他在玩耍中便练就成功。小雨人大方随和，该挣的钱挣了，该花的也花了。幸亏有媳妇儿莹莹管着，小雨才在随心所欲上克制收敛。不知什么原因，有一个阶段小雨特别爱嚼槟榔。品味可以，上瘾就麻烦。小伟、程萍、莹莹都劝不住。等到口腔溃疡时小雨吓傻了，吃饭无法下咽，说话张不开嘴，经医治才得以康复。怪哉，一直童心未泯、长不大的小雨遇此坎坷忽然成人，清醒地知道了"听人劝吃饱饭"的道理。

小雨的魔术别开生面，西洋范儿的，出场打扮身着燕尾服，长发束辫。媳妇莹莹是助手，圈内人赞"盘儿靓、条顺、舞尖纲"，就是说"脸蛋漂亮、身材顺溜、舞蹈特美"。夫妻配合细腻默契，红花绿叶相得益彰。小雨表演的各种"巧变雏鸽"，令人眼花缭乱，燃烧的火焰更是增添了惊心动魄的神秘气氛。小雨他们表演的"大变活人"不可思议，"人体飘浮"玄妙至极。他们表演的回报是观众不时发出的惊叹声、火爆的掌声以及要求返场的呐喊。但是，这里也有小伟的功劳，他负责修理魔术道具，谁叫他是小雨的姐夫呢！

小雨也是吃货，而且也会做，七碟子八碗拿得出手。虽然达不到高级厨师的水准，但是色香味还是讲究的。我应邀品尝过，的确不凡，并不讲究菜品的搭配和烹调工艺的复杂，追求简捷可口。这是小雨的性格使然，朴实、爽快和洒脱！小雨姓杨大名国强。我曾为他写过打油诗："东北汉子姓杨，潇洒热情国强，魔术杂技炫目，养家糊口奔忙，担承庭堂事业，无愧极致儿郎。"

我常想，这一家人，这个团队，他们完全靠自己的苦斗证明着生命的价值，平凡而伟大。祝福小伟和他的家人程萍、小雨、莹莹及其亲朋好友：多多保重，健康快乐，幸福吉祥！

洛舟

洛舟是艺名,是我的一位小哥们。很多人说他是男旦演员。这我得说道说道:中国传统戏曲行当分为生、旦、净、末、丑,后来将末归在生行,现在就成了生、旦、净、丑。戏曲比较复杂,为了让演员更加精益求精和出类拔萃,各行当有着细密分工。按身份职务、文才武艺、角色性格等方面,并且用行头服饰、脸谱和道具加以区分。旦角是女性人物的行当,但封建社会不允许女人登台唱戏,视为伤风败俗,有辱社稷。于是,女性人物便由男人扮演,这就是男旦的由来。

其实洛舟不能称为男旦,他并未入行,也未真正唱过戏曲,只是男着女装,男唱女声而已,唱歌为主,唱戏为辅,而形式上随大流名曰"反串",实则是"歌反串"。这个反串和戏曲界的反串含义不同。由于戏曲反串专指本工演员串演他工角色,所以戏曲界认为歌反串混淆了他们的名声。戏曲演员普遍多多少少都瞧不起歌反串演员。可是，随着社会的发展进步，艺术的多样性必成趋势，这种歌戏跨界何乐不为呢！算了，不说这些了，让有闲人去争论吧，咱说说洛舟。

上高中时，洛舟一直喜欢画画。突然有一天他不喜欢了，扔掉画板就学唱歌去了。这也许是小男孩的特点，心血来潮，说变就变。本来高高兴兴去学，声乐老师当头一棒："回去吧，你根本不是这块料！"也许是受这句话的刺激，洛舟偷偷练，进步特别大，考大学没钱上名校便到了海南。这里风景秀丽，令他心旷神怡。考上了艺术学院是他追梦的第一步。从入学专业测验音乐系倒数第四，到期末考试全系第二，琴房成了他的家。老师的夸奖，同学的赞美，加上他"小鲜肉"的体态和脸蛋，还有他创办舞蹈社的拥趸，用洛舟自己的话说，他成了学院的"交际草"。女的才叫交际花呢！

大学毕业，他先在一所小学当音乐实习老师。校方如获至宝，给他安排了过重的教学任务，还有班主任及其他额外任务，但月工资不足一千。洛舟累得都开始梦游了。他要离开，校长加薪挽留。洛舟笑应："算了，校长，拜拜了您了。"

他先到榆林，欲进艺术团，得先交一万五，工资才一千五。他想了一晚，不划算，走人。他到了西安，恰逢电视剧新版《红楼梦》选演员作秀。洛舟报名参加，一路杀入西北赛区十强，五强被刷。说实在话，幸亏被刷。这个剧播出后骂声一片，估计是当年决策者感冒发烧吃错药了开拍的。要吃饭，要租房，洛舟得养活自己。他应聘当了演艺场所的服务员，每天下午四点上班，第二天清晨下班。他虽然很累，但是总想登台。主管辱骂他不务正业，他一生气不干了。这才是：此处不留爷，自有留爷处。

　　人的命运常常由很多偶然的因素来决定，就看你有没有准备和有没有胆魄去接受。洛舟在一个文化公司当了艺员，练歌，练现代舞，演出不多。为了维持日常开支，他除了争做公司钢琴伴奏外，还抽夜晚时间去酒吧唱歌，开始了累并快乐着的生活。这期间，洛舟被绑架了一次，他告诉我是因为一个女人。我问："相好的？"洛舟说："不是。这个女的去酒吧听我唱歌。演出完我送她回家。"我疑惑了："你发烧了吧？"洛舟："嘿嘿，这个女的是一个混混头目的女朋友。当天，我被扣押了近二十个小时，才被放出。"我问："没事了？"洛舟回答得有点拗口："没事。幸亏我和她没事，不然不会现在没事的！"嗨，这话艺术性也太强了。

　　因女性而受难，洛舟又因女性而出名。公司应客户要求，用增加演出费作诱惑，动员洛舟男扮女装登台表演。他胆怯地应允试唱。化妆师把他化装成女性，非常漂亮，结果成功了，大受欢迎，火了。有人告诉他，这就是路，沿着这路走下去是活，生路。如果还唱男声，只有死。洛舟，你会饿死的。

　　既然是活路、生路，洛舟清醒地知道，只有走好了才能活得旺。他练身段，练长绸，大量地参与演出寻找感觉，尽可能多地求拜老师学习技艺。控制饮食防止肥胖，调整面容护肤养颜，洛舟的生活习俗开始向女性偏移了。这样下来，他的开销就大了。你想嘛，他是男儿身，男人用的东西他得有。他扮女人，女人用的东西他基本也得有。他演出得带两个箱子。大的特大，装古代贵妃行头，锦缎绸服彩带。小一点的满是化妆品，脂粉膏油、口红睫毛、眉笔刀剪等，应有尽有。这条路真的不好走。他得忍受外界的流言蜚语，他得扛住自身的疲惫劳累，他更要在有人走过的路上去开创新局面，去创造属于自己的天地。

洛舟的演出受到了广大观众的喜爱。他参加惠民活动深入小区时，合影的、握手的一群一群。外地的邀请源源不断，一天可以演三四场，早上在杨凌，中午在渭南，下午回西安，晚上到武功。有人说：这娃要钱不要命咧！最有意思的是，为了赶场不误事，他买了一辆电动摩托车，身着古装服饰骑车穿行大街小巷，警察以为拍电影，路人惊讶时空穿越，小孩追逐好奇，也有妇女认为是推销员搞怪宣传产品的。洛舟不管这些，他要活出个名堂，要为自己的艺术之梦奔波奋斗。当然，他也需要钱，得贷款买房有个家，月月要还贷。到外地演出总不能摩托出行，他又贷款买小车。年轻的洛舟在拼命，他不能懒散。他常常半夜到家，吃点喝点，热水冲澡，然后赤裸上身对着镜子欣赏自己，时不时自拍表情照发至朋友圈。我想他是要告诉大家：洛舟苦着累着，但乐着美着幸福着！

洛舟真的火了，企业在剧场联欢点名要他，全国各地的大型晚会他和明星同台，在美国、加拿大、俄罗斯等国的舞台上也有他的身影。他到处受欢迎，鲜花和掌声伴随他的歌与舞一路前行。这正是：本是男儿身，咏叹女儿情，阴阳八卦缘，非佛也似神。

在最近的惠民活动中，洛舟参与了情景剧表演。他分别扮演环卫工和警察，一赶二挺精彩。他有艺术学院打下的基础。他要在非歌舞的其他类表演中寻觅新的艺术感悟。呀，我不知道他扮女多了，会不会此刻穿上男装反有女扮男的感觉。这……好像有点乱，哈哈。

男人三十而立，立家？立业？洛舟立什么？业是大有起色，家呢？有房不齐，得有女伴。我没见过洛舟的女友。听他说父母也催，他倒无所谓，说是没找到合适的。也是，哪有女孩子能比过他自己扮的女性与他同心同德呢？这就麻烦了，他需要从一个男女共身的世界回到男女分身的环境，就像坐飞机倒时差，不急，慢慢倒，随缘吧！

洛舟不容易，也不简单，男声唱女调，有歌还男声女声倒着唱，戏称"鸳鸯唱"。发声部位的不同，真腔假音的调整，力度节奏的变化，戏曲与歌曲的融会贯通，这不是一般人能做到的。而且你得有一副好身材，面容俊俏，化妆美女得迷人耐看。这是另类反串，男生的体力和肺活量帮助其在扮女性时可有更多、更复杂的技巧和声音的表现，为观众能带来更多的愉悦。这是新的艺术样式，期盼专家们为其正名。

洛舟，为自己，为大众，也为艺术尽心尽力吧。哦，对了，喜欢你具有童心的自拍照，那是青春活力的体现，只是别裸得太多，小心扫黄，哈哈！

凯凯

陕西关中地区把滑稽可笑、调皮逗乐的人物常常予以冠名"怪怂""捣怂""逛怂",或干脆称为"逛驴儿",看似骂实则爱,凯凯便是其中一员。好长时间我没弄清他到底是姓徐还是姓许,音都差不多,怎么叫他都答应。就这样了,反正他也无所谓。他不是闲人,搞文艺是正经八百的科班出身,在市艺校学习毕业,成绩优秀被市儿童艺术剧院聘为正式演员。

儿艺是专门演出儿童剧的,即以儿童为服务对象的话剧、歌剧、舞剧、歌舞剧、戏曲以及童话剧、神话剧、木偶戏、皮影戏等。我请教过一位专家朋友,知道儿童剧除了具有戏剧一般的特征外,还要适应儿童特有的情趣、心理状态和对事物的理解、思考方式。要求通过具体、鲜明的形象与活泼、明快的情节向他们剖析严肃的主题,进行美的感染。在美的感染过程中,培养儿童积极的创造精神,发展他们的意志和想象力,从而使他们的思维能力受到锻炼，唤起他们的求知欲，尽可能使他们正确地认识现实世界与周围事物，以达到巩固其自身既有的道德感。儿童剧应具有思想的明确性、道德的纯洁性、人物性格与行为的真实性、摄取生活素材的广泛性和准确性、艺术构思的完美性。在有些国家，根据儿童各个年龄时期的差别，又有学龄前、学龄初期和少年期儿童剧的明确区分。

　　我认为凯凯非常适合表演儿童剧，他能说会唱，跳舞也行，性格又活泼开朗。他告诉我演出了不少的儿童剧角色：《小猴聪聪》中演孙悟空，《公主的头花》中演红鼻子，《陕北娃》中演栓狗，《玫瑰园》中演家丁，《森林里的故事》中演狐狸，《霹雳小猪》中演花猫警长，《丑小鸭》中演白鸭子，《老鼠嫁女》中演三脚猫等。呀，儿童剧太有意思了，童话色彩浓郁，充满欢乐情趣。就拿凯凯来说，他扮演的猫呀、狗呀、狐狸、鸭子全是动物。拟人化的表演对演员要求很高，有时还需要高难度技巧。如《老鼠嫁女》，故事讲述老鼠村张老爹的漂亮女儿张小凤，喜欢舞枪弄棒，像个假小子。喜欢她的帅哥多得不得了，把张家的门都快挤坏了。老鼠村的状元阿龙准备上张家提亲。张老爹嫌阿龙胆小如鼠，就委托王媒婆给自己招一个天底下最厉害的女婿。于是一场闹剧开始……为了考验未来的女婿，张老爹提出一个苛刻的条件：如果阿龙能制服那只专和老鼠作对的三脚猫，就把女儿嫁给他。哈哈，这三脚猫就是凯凯扮演的，要打斗，翻滚扑跌，闪转腾挪，而且要不失猫相。他表现得生动出彩，孩子们为他鼓掌叫好。

　　我问凯凯，在演过的节目中最喜欢的是哪个角色，他说是《拇指姑娘》中的癞蛤蟆。呀，癞蛤蟆？哦，故事中牵扯到的癞蛤蟆是这样的：这是一个美丽的夏日花园。在一朵含苞欲放的郁金香上，突然长出了一个娇嫩美丽的小姑娘。这个小姑娘只有拇指般大，所以人们都叫她拇指姑娘。瞬时间花园里所有的鲜花、蝴蝶、蜻蜓都热情地来欢迎拇指姑娘的到来。这时候癞蛤蟆带着自己的小儿子来到花园里。他一下子就喜欢上了拇指姑娘，并想让自己的儿子娶拇指姑娘为妻子。可怜的小姑娘十分忧伤，因为她并不喜欢又蠢又笨的小癞蛤蟆。癞蛤蟆非常生气，把所有的愤怒都发泄在了其他那些弱小的昆虫身上。花园里的昆虫们惊慌地四处逃散。凯凯说"癞蛤蟆"戏多，要表现喜怒哀乐，骄横无赖，演起来特别过瘾，再加上舞步奇特，动感十足，和观演小朋友的互动气氛十分热烈。

  但是，凯凯不满足。在所有儿童剧中他演的几乎全是配角，就像是炒菜用的调料，他的浑身能力发挥不出来，憋屈得太难受，再这样下去脸上会憋出小痘痘的。于是他找了老师，大胆地做了一次跨入曲艺小品行当的设计和实践：主持人拿二百块钱上场，因为观众点歌无法兑现，叫凯凯扮演的剧场服务员把款退回收银台。服务员却说自己能唱。主持人训斥他，服务员动员观众支持。谁知服务员唱得相当出色。于是围绕歌曲演唱展开了主持人与服务员之间的调侃逗乐。这个节目在样式上有二人转的影子，又有化装相声的味道，同时还有小品的痕迹。节目在表演上对演员要求很高，一是必须让观众相信这是真正的服务员，当然持怀疑态度也行；其二必须有很好的唱歌能力，特别是模仿名家唱将的水平要高；第三是要有极强的搞笑本领，而且要自然生动。这三方面缺一不可，若某一方面太弱就会直接影响演出的效果。值得欣慰的是凯凯做得非常棒，每一场演出观众都以热烈的掌声和开怀畅笑表达着他们对演员的认可。

凯凯到底是科班出身，再加上勤奋努力，他的喜剧表演尽显华彩。我为他写过几句赞词："许凯说唱，演艺忒棒，幽默造笑，心舒情畅，悟性非凡，前程无量。"他获得过陕西省小戏小品大赛表演奖，第六届、第七届省艺术节表演奖。

剧场排演方言喜剧《杠上开花》，邀请凯凯扮演"歪嘴"一角儿。这个人物特别活跃，没心没肝没肺，能吃能喝能睡，喜欢凑热闹，大大咧咧。凯凯轻松自如地就完成了人物的塑造，而且在细节的刻画上有独特设计，如打麻将抠脚引出一场打斗闹剧，把观众笑得前仰后合。凯凯还参与了网络电影《男二本色》的表演，戏不多却相当出彩。

凯凯还很年轻，在戏剧与曲艺表演方面已经积累了相当丰富的经验。但是，现在年轻演员太多了，要想出类拔萃真的不容易，必须对自己的演艺事业有所规划，然后按部就班地做好准备，等待时机的到来。演员这个职业很有意思，要过两种生活：一是现实生活，自己的喜怒哀乐，自家的油盐酱醋；二是表演生活，模仿和体现别人的苦辣酸甜，展示和自己不同的性格与行为。于是，这就要求演员多学习、多观察、多思考、多模仿，这是基本功，还要有技巧或绝活上的训练和储备。只有这样，时机来了才能抓住，而且你选择的路子才会非常宽泛。

凯凯十分善良可爱。我想说：尽情地在舞台上表演吧，有坎坷、有汗水、有痛苦、有打击，但最终你会有掌声、有鲜花、有欢笑、有无比的快乐。凯凯，祝福你！

欧阳

至今我都没有搞明白,这欧阳到底是他的真名还是艺名。不对呀,欧阳是姓嘛,于是我查了资料,上写:"欧阳姓为汉族姓氏,根据《姓氏考略》记载:越王无疆之次子封于乌程欧余山之阳,后有欧氏、欧阳氏、欧侯氏,望出平阳。"由此可见欧氏和欧阳氏都是越王无疆的第二房子孙,而越王无疆则是 2400 多年前越王勾践的七世孙。哦,可能是姓欧名阳,和姓欧阳的是亲戚。不对,这容易让人误会,也许是——算了,不猜了,管他呢,只要喊欧阳他答应就行。

欧阳是西府人,年纪不大,个头不算太高,长得白嫩白嫩,很是聪慧机敏,就是眼睛小点。也好,看人看事焦点集中,总能猜出别人的心思。当然,这和他的职业有着密切的关系。欧阳是一位魔术师,是国际魔术协会 IMS 终身会员,也是中国曲艺家协会会员,是中国第一位水下魔术师、全国青年魔术师代表、魔术脱口秀《欧买嘎》创始人。《欧买嘎》？是什么意思？欧阳告诉我说，这就是相当一个产品的商标，好记好宣传，是他导演并主演，由其团队共同打造的一场集大型幻术、近景魔术、心灵魔术，并结合当下流行的脱口秀为一体的一种新的表演方式。《欧买嘎》猛一听像个外国名字，用中文说就是《哦呀，我的神呀！》，这说明欧阳对自己的表演充满了自信。

  我对魔术的认识只是觉得好玩。欧阳告诉我，魔术是以不断变化，让人捉摸不透，并带给观众惊奇体验为核心的一种表演艺术，是制造奇迹的艺术。更简单地说，这是一种违反客观规律的表演。它是依据科学的原理，运用特制的道具，巧妙地综合视觉传达、心理学、化学、数学、物理学、表演学等不同科学领域的高智慧的表演艺术。魔术抓住人们好奇、求知心理的特点，制造出种种让人不可思议、变幻莫测的假象，从而达到以假乱真的艺术效果。而欧阳所说的近景魔术，即近距离观看的魔术。它具有与观众互动性强、对细节手法要求高等特点。因为与观众面对面接触，观众又常常可以触摸表演物，往往给人们带来的震撼极大。欧阳还说，心灵魔术简单来说就是读心术、透视、预言等超能力类的魔术。心灵魔术和心灵有关，也用到"心灵"的方法。心灵魔术中，有很多常用的方法。当然表演者需要大量的经验和知识，如：暗示技术，接触式阅读，甚至是催眠。他们的成功率和观众心理的差异有很大关系，就是预测观众所想得出的行为结果，通过一些图形、数字或其他媒介反映出来。说实在的，欧阳说的什么，我并未完全明白。他也看出我的懵懂，神秘一笑给我面子，带我去剧场观看他的表演。

  呀，真的非常震撼。如果你欣赏了欧阳的《欧买嘎》，一定会脱口呼出："哦呀，我的神呀！"他的团队真的把大型幻术、近景魔术和心灵魔术结合一起，加上脱口秀的铺垫和串接以及幽默地与观众互动，惊奇不断，掌声不断，笑声一波又一波。他的团队为人们呈献的节目有《百变大咖瓶》《财富转移》《我和绳子的故事》《漫天飞雪》《前世今生》《幻影分身》《死亡逃脱》《美女拼图》《挤压美女》等。欧阳曾随剧场艺术团和中国曲协以及应其他有关组织邀请在美国、加拿大、法国、德国、葡萄牙、爱尔兰、巴西、智利、西班牙、泰国、新加坡、韩国、阿根廷等全球数十个国家表演过这些节目。当然，这些节目也在国内多个城市上演，均受到了一致好评。与此同时，欧阳还应邀在中央电视台、湖南卫视、河南卫视、陕西卫视等担任魔术表演嘉宾及魔术指导顾问。

　　欧阳的魔术表演能够达到如此高的水平，跟他的虚心学习和刻苦钻研有极大的关系。记得在美国，艺术团休息时安排游玩，他却寻找魔术大师的博物馆去参观请教。有国内外的魔术师表演，哪怕在外地，哪怕吃住行自理，他也会欣然前往，从而对比自己的演出，学习他人的经验，提高自己的表演水平。有关魔术的会议或展览会，欧阳一定会去参加，了解新的魔术信息，吸取他人的优点，以此调整节目内容和改进表演方式。魔术的表演要勤练苦练，欧阳乐于在任何场合表演魔术，后台、饭桌上、化装室等，别人要求或自我主动，这样既宣传了魔术的魅力，又使手法更加出神入化。特别让我感动的是他的乐于助人。央视7套《乡村大世界》春节晚会"过年了"邀我出场表演魔术《发红包》，特别指令欧阳导演。他手把手地一遍遍教我，最后录像播出虽谈不上精彩，但还算成功。最后欧阳还将魔术道具赠送给我，让我有了吹嘘会变魔术的本钱，哈哈。在我感谢欧阳的同时，也初步了解了魔术设计的智慧。那是一般人很难猜到的，其中的机关门道神秘莫测。保密是魔术师的铁律，而魔术师与观众的乐趣恰恰在于他们之间的智斗。有意思的是魔术师常胜不败，观众也是常乐不疲。因此，不论是谁，哪怕出于善意请求解密，都是对魔术师的非礼。

欧阳是位孝子。因母亲愿意常住老家，他便经常回家看望，或伴母亲外出散心，或去医院做健康检查、调理身体。欧阳是感恩之人，家乡每次搞活动他必定助力，忙前忙后亲临参与，并通过各种媒体宣传家乡。

我估计欧阳小时候有多动的毛病，虽然成人依然不习惯安定，精力充沛，风风火火，很少见他有休闲的空当。他组建了自己的团队，安排《欧买嘎》大型专场巡回演出，指挥装台调试，搬运道具转场。事无巨细，他均亲力亲为，手执无线电通讯话机上下联络，真有些部队奔赴战场的感觉。欧阳好学上进。他攻读大学，强化文化功底。在校期间，他还组织了大学生魔术团，深受师生们的青睐。他喜欢玩，童心犹在，对新鲜的事情一直充满好奇，敢于冒险探求。为了能表演水下魔术，他不断实践，考取并获得国际潜水证书。他自学成才，获得了业余无线电操作证，加入了西安市无线电爱好者俱乐部，且有了自己专用的无线电呼号 BH9BJP。我起初以为欧阳是玩性大发，还提醒他多加小心，千万别误入了什么特务组织。欧阳说这是政府批准、公安备案的活动，我这才放心。有一次演出我坐他开的车，亲见他和无线电友们联系，告知何时在何处集合，去寻找和救援失联在大山中的驴友。欧阳说，这些本来与他无关，但这是其无线电俱乐部的职责，而且他们车上都备有一些抢险救灾的工具和设备。就这一点已经让我十分感动，为有欧阳这样的忘年交朋友而自豪。

欧阳结婚了，娶的是他漂亮能干的助手。来年，就像变魔术一样，他们有了小欧阳。最近的一天我看到微信上有张这样的照片：欧阳赤裸上身抱着孩子在喂奶。呀，到底是魔术师，都有这种功能了。哈哈，我才不管你把奶瓶藏在何处。祝福你和你的魔术助手太太以及你们的小魔术师健康快乐，万事顺心如意。要不然，趁年轻再生一个，也让魔术事业更加发扬光大。反正这对魔术之家来说应该是轻而易举的事情，权当是演出成功在众亲友的掌声中返场一样，呒！

小库

一位憨厚朴实的小伙子经营管理着一个小仓库，大家亲昵地称他小库。不过，这个说法不太准确。小库不是什么仓库管理员，他只是有一个非常特殊的个人爱好。这个爱好在陕西，不，在中国乃至全世界怕都是独一无二的。不卖关子了，那就是：1. 收集文体明星大腕的签名；2. 拍摄他们个人和与其合影照片加以保存；3. 将签名、个人照或剧照或运动照制成专用信封、明信片和名片送交本人，留一份加以保存；4. 尽可能收集这些人的有关资料分类保管。

说穿了，小库是一位业余收藏者，真说不好这种收藏有什么价值。当然，他必须首先是一名超级崇拜明星大腕的痴情粉丝，为使他的收藏大业更加圆满，所下的功夫以及投入的时间、精力和资金是一般平庸的粉丝望尘莫及的。鉴于我对收藏知之甚少，不可妄谈，查点资料学习学习，也算开开眼界。

收藏在中国有着悠久的历史。原始人类为

了让自己更美，就采集漂亮的贝壳，打磨出精美的玉器，并将它们佩带在身上。战国著名哲学家惠施，藏书达五车之多，在当时可谓是一位大藏书家。唐太宗李世民酷爱书法艺术，并收天下碑帖，在书法界传为美谈。宋代大画家米芾爱石如痴。有一次他得到一块"端石砚山"，竟接连三天抱着此石入睡，时人便称他为"石癫"。清代雍正、乾隆皇帝，崇尚汉族文化，不仅自己舞文弄墨，而且嗜古成性，广为收集民间珍宝，把它们秘藏于皇宫。改革开放以后，尤其是进入20世纪90年代以来，在国泰民安的大好条件下，我国民间收藏呈现蓬勃发展之势，形成了一支浩浩荡荡的民间收藏队伍。仅上海一地就有收藏爱好者近百万，在业界拥有"收藏半壁江山"的美誉。各地的民间收藏组织也相继成立，并且出现了一批个人成立的博物馆。从收藏品种来看，除了传统的古玩、书画、观赏石、邮票、钱币、报纸、书籍、火花等藏品，还不断丰富其种类，已发展到包括磁卡、粮票、门券、酒瓶、连环画、商标等，可谓无所不及，无所不包。从收藏队伍的构成看，不再局限于知识分子层，已扩展到社会的各个阶层、各个年龄阶段，可以说中国的民间收藏活动呈现出前所未有的繁荣景象。

这么看来，小库的爱好属于一种另类收藏，不过要长期坚持，才是难能可贵的。记得上高中时我突发奇想，曾经收藏糖纸，动员家人和同学帮忙，自己也用零花钱买糖吃，把糖纸留下。可这些糖纸大部分不是上边黏糊糊就是皱皱巴巴的，根本无法保存。脑子一热我还给糖果生产厂家写过信，真有寄来的。收藏糖纸，仅仅是一回两回而已，要长期坚持真是太难了。时间一长我便放弃了，遂成为同学们的笑柄。我常想，小库行吗？能坚持下去吗？我简单地了解到他的经历很简单：小学、中学、中专共12年，音像店、广告公司、音乐工作室近4年，然后在银行从事行政工作至今，共12年。他从小喜欢文艺、体育，老牌陕派球迷，收藏了一些陕西足球的历史资料。他组织过上百人的乐拍e族摄影俱乐部，考取了高级摄影师职称证书，并获过一些奖项。他爱好广泛，近年来还加入了贾平凹作品版本收藏研究会，开通了"大西安文艺"微信公众号，有计划地收集和发布著名作家、评论家、艺术家的作品。几年来，他的收藏已经引起了社会广泛的关注。

众人皆知，收藏活动之所以能吸引越来越多的人，成为当今社会一道独特的文化风景线，除了国泰民安的背景环境外，这是与收藏活动的自身魅力分不开的：1.集知识和欣赏于一体。收藏的过程就是知识积累的过程。许多收藏品都是历史的载体，从它们身上可以折射出历史的光芒。2.最好的休闲和怡情。人们通过收藏，可以丰富审美情趣，提高艺术修养。3.资产保值和投资的重要手段。中国千百年来的收藏观往往注重收藏的文化、精神内涵，忽视或者淡化收藏的经济、物质因素。但如今市场经济却赋予了收藏更深、更广泛的内容。

小库是一介平民，无钱，无权，无甚知名地位。他选择的收藏不需太大的花费，但却需要他了解所崇敬的明星大腕的动向，然后扑上门去求爷爷告奶奶或托人引见。憨厚朴实的他诚恳地说明好意，偶像们均乐于与其合影签名，皆大欢喜。还好，古城西安是文体明星常来常往的地方，这为小库提供了不少的方便。好吧，先让我们来看看他已经收藏的文体大腕部分名单。1.文化艺术方面：姜昆、陈佩斯、黄宏、刘伟、闫妮、王馥荔、朱军、杨立新、理查德·克莱德曼、邓超、费翔、六小龄童、马德华、崔永元、敬一丹、朱迅、贾平凹、钟楚红、张震、张楚、许巍、关牧村、郭达、江涛、肖云儒、张嘉译、师胜杰、石富宽、陈寒柏、大兵、赵卫国、冯远征、刘和刚、赵季平、贾樟柯、雷佳、熊召政、李亚鹏、李琦、李立群、蓝天野、余秋雨、戴玉强、岳云鹏、谭维维、吴京安、张继刚、王佩瑜、田连元、贠恩凤、尚长荣、于魁智、李胜素、茅威涛、汤镇宗、王二妮、鞠萍、杨丽萍、吕薇、韩磊、凤凰传奇、吕继宏、筷子兄弟、降央卓玛、朱世慧等150多位。2.体育运动方面：德约科维奇、聂卫平、巴特尔、姚明、王治郅、朱广沪、米卢、里皮、卡马乔、佩兰、特鲁西埃、菲戈、孙杨、宁泽涛、叶诗文、刘子歌、韩乔生、杨威、李小鹏、王励勤、王皓等近100位。与名人合影也达到了惊人的2500多张。

呀，我的小库呀，这得下多大的功夫？说实话，一般人很难做到，更何况这种收藏爱好在今天还很难讲到底价值如何。可小库没有功利，他图的是快乐。他看到的是明星们的艰苦奋斗，欣赏的是大腕们在各自舞台上所展示的风采，学到的是他们艺无止境、更上一层楼的进取精神，收藏他们的笔名、合影是心灵的安慰，是自己永远镜鉴的榜样。这就够了，愿精英们的生命之火温暖我们的身体，盼他们的魂魄之光伴随我们的前程。

在这里，我要衷心地感谢小库。他和他的"大西安文艺公众号"为我做了大量的工作。我也代表那些与他合影并签名的明星祝福他，用一首打油诗表达心意："小库似神，聪慧过人，为星建档，尽心倾情，善良热衷，禅意铸魂。"小库，坚持下去，我相信总有一天你的收藏会成为珍藏，而珍藏这些资料的地方就不是小库了，众亲们将称之为宝库！！

后记

面对朋友，反省自身；热爱生活，乐观温馨；性格有异，心善为根；勤奋创造，平淡是真；虚怀若谷，笑看人生！

宇宙之大浩瀚无边，个人渺小微不足道。我的世界不大，多年来喜怒哀愁最重要的是和人交往。好多曾经相处和共事的师长、校友、同志、朋友由于岁月的冲刷、脑细胞的钝化而慢慢地淡出忘却了，但总有一批人在我生命的记忆中印象深刻。除了家人就是他们，斗转星移、日更月替，酸甜苦辣、坎坷顺福，这些充满活力的众亲总是给我带来欢乐和愉悦。他们或是性格的可爱，或是气质的雅帅，或是为人的真诚，或是做事的豪迈，或是技艺的高超，或是谈吐的华彩，等等，这些品质激励着我总想把他们留在心中，进而传布于世，与大家共享。由于能力实在有限，只好先就50位曾经共事和熟识的好友加以粗浅的描绘,或男,或女,或老,或少,不是为他们作传,而是想从他们身上学到点什么。请原谅拙笔没能勾画出他们的全貌,也感谢他们对我的支持和谅解。当然,还有另外好多亲朋挚友也让我难以忘怀。下回吧,待我稍稍歇息,养精蓄锐以后再写。各位,后会有期!

衷心感谢大家对准报告文学《喜剧人物轶事》的关爱!

本书的面世得到了西安中旌影视传媒股份有限公司的全力支持,在此表示诚挚的谢意!

师友推荐团

著名歌唱家　冯健雪

石国庆老师的准报告文学带我走进了那些难忘的文艺服务岁月：农村田野、工矿车间、学校广场、部队前线……遍布我们一起前行的足迹！他的文字中尽显了人性的温暖与坚韧的追求。

著名相声演员　韩兰成

什么叫老骥伏枥？认识了国庆先生便知！

什么叫胸中锦绣？结识了国庆老师便知！

什么叫德艺双馨？相识了国庆同志便知！

什么叫成人之美？读完了这本书一切便知！

陕西省电视艺术家协会副主席、著名导演　葛玮

国庆老师和我有多年且非常和谐的艺术交往。他属于那种艺品、人品皆为上品之艺术家。这一次，已年过七旬的他，又做出了大动作，为陕西的喜剧人和为喜剧工作的50个人物，以散文的形式，用文字造像。一篇篇美文亲切朴实，风趣幽默，妙语生花，充满活力，使人联想到许多永恒的记忆留存。这种精神，令人敬佩。

他就像一只永远奋斗在烈日之下,但始终也晒不黑的老山羊。我强烈地为他点赞!

著名演员　郭达

石先生的文章很好看,不急不缓,不做作,亦不花哨,娓娓道来,文如其人。石先生心很细,一些时隔多年往事的细枝末节,在他笔下犹如发生在昨日一般清晰可见,栩栩如生。惊讶过后,敬佩生发。石先生本身就是名人,但写文章并没有像他的名声那样居高临下,激扬文字,而是心态平和地把自己摆在一个普通读者的位置上,因而使文章更加生动、真实、可信,读来亲切如面。

著名演员　李琦

拜读了艺术家国庆(石)先生写我的一篇文章,心头一紧。因为我这人宠也惊,辱也惊,万不值国庆先生夸赞。我与先生本就是两个阶级,先生的"王木犊"红遍南北之时,我不过是看戏的。不能忘是先生率先将秦音带出陕西,创立了陕派独角戏,底蕴之深、功力之厚,至今无后来者。国庆先生乃吾师也。我所有的方言作品无一不是踩着巨人的肩膀。谢谢先生,我沾光咧。在您老的著作中能述我一文,甚是感动。曾与您合作是我的福气,想与先生做点什么,结果还是先生为我做了,谢谢!先生所写之李琦,事实清楚,证据确凿,准!

陕西省喜剧表演协会会长　袁红

读《喜剧人物轶事》,使我读懂了更多的喜剧人生,收获的是满满的感动。透过这本书,我看到了石国庆老师豁达博大的精神世界,和对喜剧艺术的忘我挚爱。"王木犊"是陕西喜剧的标志人物,是陕西喜剧永远的旗帜。没有为自己著书立传,却用风趣幽默的笔,为喜剧人扬名,为喜剧人鼓掌。向您致敬!

著名演员　杨蕾

石老师,一生的良师益友!成为石老师笔下的一个角色,荣幸之至!字里行间很让人感动,真诚、风趣、包容,一个个鲜明的人物形象,带领我们一起去追忆曾经的美好。用心、用情之作!向石老师致敬!

陕西广播电视协会播音主持委员会副秘书长、著名主持人　徐杰

卓别林曾说过,喜剧人一定要有悲天悯人的情怀,才能成为大师!石老师就是这样的人,舞台上的"王木犊"插科打诨、嬉笑怒骂,陪伴了我们几十年!而台下的他安静、睿智、温暖、朴实,更加光彩照人!一个个小故事饱含了石老师对同行后辈的关爱、提携,也身体力行地教给我们做事先做人的朴素道理!祝福石老师!

著名歌唱家　米东风

他是台上憨态可掬、风趣幽默的王木犊,也是生活中谦虚真诚、扎根艺术创作的石国庆,更是为广大人民群众创作了无数脍炙人口、悦目娱心作品的陕西独角戏创始人。国庆在表演上所展现的幽默,是有思想的幽默。他把为笑而笑的滑稽提升到了发人深省的高度。所以在这本书中,反映的不仅仅是喜剧带来的快乐,更有价值的是他对喜剧创作的见解。

著名谐剧演员　沈伐

看了我的好朋友石国庆在《喜剧人物轶事》中描写的我，我才觉得我居然那么可爱。这让我激动得失眠了好几个晚上，半夜三更一个人忍不住地笑出了声。老伴问我笑什么？我说我太可爱了。老伴很紧张，强迫我吃了两颗"救心丸"，然后打电话叫儿子赶快回来，说："你爸怕是出问题了……"

石国庆，几十年的知心老朋友，生于四川广元，长于关中，算是老乡。1979年，他创作了第一个独角戏《秦腔、歌舞与离婚》轰动全国。剧中，他把自己塑造成——王木犊。一个举止木讷，操一口地道的咬字特狠的陕西话，既聪明又糊涂，既善良又自私，一个可笑可悲又可爱的陕西汉子。从此，王木犊一发不可收，成为家喻户晓的喜剧艺术形象。

几十年后的今天，我读着他描写我的这些非常亲切、非常口语化的文字，仿佛那憨态可掬、引人发笑的王木犊，正在和我喝酒。但他不善饮，只坐在对面滔滔不绝地风趣并幽默着。我一边听，一边喝，比凉拌猪耳朵还巴适。其实，几十年来，我俩一直都在喜剧的路上结伴同行。

人生在世，得一知己足矣。如今，我俩已经都不年轻了。让我们彼此珍重，让我在你的家乡四川，举杯遥祝我俩的友谊永远年轻！祝愿喜剧永远年轻！

陕西曲协陕西快书委员会主任　刘文龙

石国庆老师是一位喜剧大师。他长了一个喜剧脑袋和一双喜剧眼睛。他不仅善于把自己的生活编织成一个个精美的喜剧，过得非常潇洒，还善于挖掘出众多朋友、同行各种富有喜剧色彩的故事，写成文字，为其立传。读了他的作品，不由得让人感叹：人间多么有趣，生活多么美好。

陕西省曲艺家协会副主席　于海涛

石老师有着学者的气质和艺术家的风度！生动的表演灵感，更多的来自他对生活的观察和提炼。在他的作品里可以看得出他谦和包容的为人。一直以来他都是我学习的榜样！

图书在版编目（CIP）数据

花开五十朵：喜剧人物轶事/石国庆著. -- 北京：人民日报出版社，2017.10
ISBN 978-7-5115-4994-5

Ⅰ.①花… Ⅱ.①石… Ⅲ.①文艺工作者—列传—中国—现代 Ⅳ.①K825.7

中国版本图书馆CIP数据核字（2017）第248072号

书　　名：	花开五十朵——喜剧人物轶事
著　　者：	石国庆
出 版 人：	董　伟
责任编辑：	陈　红　金　晶
封面设计：	主语设计
版式设计：	大有图文
出版发行：	人民日报出版社
社　　址：	北京金台西路2号
邮政编码：	100733
发行热线：	（010）65369509　65369527　65369846　65363528
邮购热线：	（010）65369530　65363527
编辑热线：	（010）65369844
网　　址：	www.peopledailypress.com
经　　销：	新华书店
印　　刷：	北京朝阳印刷厂有限责任公司
开　　本：	880mm×1230mm　1/32
字　　数：	160千字
印　　张：	8.375
印　　次：	2017年10月第1版　2017年10月第1次印刷
书　　号：	ISBN 978-7-5115-4994-5
定　　价：	36.00元